Herausgegeben von oekom e.V. – Verein für ökologische Kommunikation

Dieses Buch wurde klimaneutral hergestellt.
CO_2-Emissionen vermeiden, reduzieren, kompensieren –
nach diesem Grundsatz handelt der oekom verlag.
Unvermeidbare Emissionen kompensiert der Verlag
durch Investitionen in ein Gold-Standard-Projekt.
Mehr Informationen finden Sie unter: www.oekom.de

ClimatePartner°

Bibliografische Information der Deutschen Nationalbibliothek
Die Deutsche Nationalbibliothek verzeichnet diese Publikation in der Deutschen Nationalbibliografie; detaillierte bibliografische Daten sind im Internet über http://dnb.d-nb.de abrufbar.

---

oekom verlag, Gesellschaft für ökologische Kommunikation mbH
Waltherstraße 29, 80337 München

Umschlaggestaltung, Layout und Satz: Lone Nielsen
Lektorat: Helena Obermayr, Anke Oxenfarth

Druck: Kessler Druck + Medien, Bobingen
Der Innenteil dieses Buches wurde auf 100%igem Recyclingpapier gedruckt, ausgezeichnet mit dem Blauen Engel

FSC www.fsc.org MIX Papier aus verantwortungsvollen Quellen FSC® C004192

ISBN: 978-3-86581-255-1

oekom e.V. – Verein für ökologische Kommunikation (Hrsg.)

Post-Oil City

Die Stadt von morgen

oekom verlag

politische ökologie | **Die Reihe für Querdenker und Vordenkerinnen**

Die Welt steht vor enormen ökologischen und sozialen Herausforderungen. Um sie zu bewältigen, braucht es den Mut, ausgetretene Denkpfade zu verlassen, unliebsame Wahrheiten auszusprechen und unorthodoxe Lösungen zu skizzieren. Genau das tut die *politische ökologie* mit einer Mischung aus Leidenschaft, Sachverstand und Hartnäckigkeit.

Die *politische ökologie* schwimmt gegen den geistigen Strom und spürt Themen auf, die oft erst morgen die gesellschaftliche Debatte beherrschen. Die vielfältigen Zugänge eröffnen immer wieder neue Räume für das Nachdenken über eine Gesellschaft, die Zukunft hat.

Herausgegeben wird die *politische ökologie* vom
oekom e.V. – Verein für ökologische Kommunikation.

Die Zukunft der Menschheit entscheidet sich in der Stadt. Und das nicht nur, weil bereits heute über die Hälfte der Erdbevölkerung in städtischen Ballungsräumen lebt. Städte sind seit Jahrhunderten als Moloch verschrien, der die Wasser- und Nahrungsmittelvorräte des Umlandes verschlingt, die Luft verpestet und große Mengen Müll erzeugt. An diesem schlechten Ruf ist was dran: Städte sind für etwa 80 Prozent der weltweiten Treibhausgasemissionen verantwortlich. Kein Wunder also, dass sich hier die Schwierigkeiten, vor die uns Klimawandel sowie zur Neige gehende Erdölvorräte und Ressourcen stellen, wie in einem Brennglas bündeln.

Städte waren und sind aber auch seit jeher gesellschaftliche Laboratorien und stellen Möglichkeitsräume der Zukunft dar. In ihnen finden bereits heute soziale, wirtschaftliche und ökologische Experimente statt, die sich bewusst den Herausforderungen des postfossilen Zeitalters stellen. Denn inzwischen herrscht weitgehend Einigkeit darüber, dass nur diejenigen Städte eine Zukunft haben, die trotz dichter Bebauung sparsam mit Ressourcen umgehen, ihre Energieversorgung autark organisieren, Verkehrsströme zähmen und der Natur wieder Platz in ihrer Mitte einräumen. Unter Architekten und Stadtplanerinnen herrscht Aufbruchsstimmung – gilt es doch, das System Stadt unter regenerativen Vorzeichen neu zu erfinden.

Die Autor(inn)en der *politischen ökologie* schauen sich auf den verschiedenen Baustellen der Post-Oil City um. Dabei wird schnell deutlich, dass nachhaltige Stadtentwicklung und gesellschaftliche Veränderungen Hand in Hand gehen müssen und dass sie nicht ohne politische Rahmensetzungen auskommen. – Begleiten Sie uns auf einem Spaziergang durch die Stadt von morgen!

Anke Oxenfarth
oxenfarth@oekom.de

Liebe Leserin, lieber Leser,

nur wer sich ändert, bleibt sich treu: Gemäß diesem Leitspruch hält die *politische ökologie* auch in ihrem Erscheinungsbild immer wieder Überraschungen für ihre Leserinnen und Leser bereit. Während bislang von diesen Veränderungen – bei konsequent hohem Anspruch an den Inhalt – meist nur Gestaltung und Satzbild betroffen waren, wagen wir dieses Mal den großen Schritt – hin zum kleineren Format. Und erinnern uns damit auch ein wenig an den Ursprung der Zeitschrift, der in der E.-F.Schumacher-Gesellschaft für politische Ökologie liegt, hatte doch deren Namensgeber (dessen 100. Geburtstag wir in diesem Jahr feiern dürfen) im Jahr 1973 seine Gesellschaftskritik auf die eingängige Formel gebracht: „Small is Beautiful".

Mit dieser Formatänderung wird auch im Äußeren Gestalt, was seit vielen Jahren inhaltliche Leitlinie der *politischen ökologie* ist: sich nicht vor der Tagesaktualität zu verbeugen, sondern in den ausgewählten Themenfeldern die großen Linien zu beschreiben und Perspektiven für eine nachhaltigere Gesellschaft zu eröffnen – in Texten, die nicht nur im Heute, sondern auf Dauer einen Sinn ergeben. So ist dieser Schritt auch ein Bruch mit dem klassischen Zeitschriftenformat hin zu dem Medium, das für mehr Dauerhaftigkeit steht: dem Buch.

Entwickelt von der Grafikerin Lone Nielsen und der Redaktion geht dieser Wechsel Hand in Hand mit einem neuen Vertriebsweg, der neue Perspektiven bereithält: Ab sofort wird die Zeitschrift nicht nur im Abonnement, sondern in einer Vertriebspartnerschaft mit dem renommierten Münchner Hanser Verlag auch an die Buchhandlungen im deutschsprachigen Raum ausgeliefert, damit die *politische ökologie* mehr Leserinnen und Lesern neue Zukünfte eröffnen kann.

Jacob Radloff
Verleger

Inhaltsverzeichnis

Projektskizze

Einstiege 12

Der Moloch erfindet sich neu 16
Die Vision der nachhaltigen Stadt
Von Ralf Fücks

Planfeststellungsverfahren

Das Kapsel-Denken überwinden 24
Die Stadt, ein komplexes System räumlicher Ordnung
Von Sophie Wolfrum

Kommunen, hört die Signale! 32
Demografischer Wandel
Von Klaus J. Beckmann

Engagement fürs Klima trotz finanzieller Fesseln 38
Kommunen im Wandel
Von Jens Lattmann

Ein ökosoziales Paradoxon 45
Stadtumbau und Gentrifizierung
Von Andrej Holm

Grundrisse

54 **Suffizienz plus Subsistenz ergibt ökonomische Souveränität**
Stadt und Postwachstumsökonomie
Von Björn Paech und Niko Paech

61 **No Future war gestern**
Transition-Town-Initiativen
Von Gerd Wessling

67 **Von Stadtpflanzen und Refugien des Selbermachens**
Urbane Landwirtschaft als postfossile Strategie
Von Christa Müller

73 **Die Stiefkinder der nachhaltigen Stadtentwicklung**
Gewerbegebiete
Von Frank Betker

79 **„Jeder Lebensstil muss spezifische Antworten finden dürfen"**
Urbanes Leben heute und morgen
Ein Interview mit Konrad Götz

Rohbau

84 **Von der Petropolis zur Ökopolis**
Neues Modell der modernen Stadt
Von Herbert Girardet

91 **Ein Stadtteil auf energetischer Sparflamme**
Null-Emissionen-Stadt Masdar City
Von Matthias Schuler

97 **Globale Probleme suchen urbane Lösungen**
Städte als Hoffnungsträger
Von Bernhard Stratmann

103 **Eine Stadt für Menschen, nicht für Autos**
Die Mobilität von morgen
Von Michael Adler

Impulse

Projekte und Konzepte 110

Medien 119

Spektrum Nachhaltigkeit

Demokratie 21 124
Eine Analyse des Schlichtungsverfahrens Stuttgart 21
Von Peter Vonnahme und Bernd Tremml

Teil 7 zu den internationalen Klimaverhand-lungen

Vergesst Cancún, legt einfach los! 129
Strategiewechsel für den weltweiten Klimaschutz
Von Karl-Martin Hentschel

Im Netz verstrickt 133
Konflikte beim Ausbau der Stromnetze
Von Werner Neumann

Wachstum zwischen Illusion und Realität 138
Enquetekommission des Bundestages
„Wachstum, Wohlstand, Lebensqualität"
Von Martin Jänicke

Die Vielfalt des Lebens gestalten 142
Nachruf auf die Ökonomin Christiane Busch-Lüty
Von Uta von Winterfeld, Sabine Hofmeister und Adelheid Biesecker

Rubriken

Editorial 7

Vorwort 8

Impressum 144

Vorschau 145

„Ähnliche Forderungen gelten für das Land. Was seine Beschaffenheit angeht, so wird natürlich jeder ein solches Land loben, das sich selbst am vollkommensten genügt, und von der Art wird es sein, wenn es alle Erzeugnisse liefert. Denn darin besteht eben die Selbstgenügsamkeit, daß alles vorhanden ist und nichts vermißt wird. Nach Ausdehnung und Größe aber muß es hinreichen, um den Bewohnern ein Leben freier, durch Mäßigkeit geregelter Muße zu gewähren. [...]

Soll man der Stadt die wünschenswerte Lage geben, so muß sie nach dem Meere und nach dem Lande gleich günstig gelegen sein. [... D]ie geernteten Früchte müssen ihr leicht zugeführt werden können. Ferner müssen das Holzmaterial und andere dergleichen Produkte aus Betrieben, die das Land etwa hat, leicht zur Stelle zu schaffen sein."

Aus: Aristoteles:
Politik. Buch 7, Kapitel 5

„We shape our buildings; thereafter they shape us."

Winston Churchill (1874-1965),
britischer Staatsmann

„Die Krankheit unserer heutigen Städte und Siedlungen ist das traurige Resultat unseres Versagens, menschliche Grundbedürfnisse über wirtschaftliche und industrielle Forderungen zu stellen."

Walter Gropius (1883-1969)
zugeschrieben, Bauhaus-Gründer

„Für die Großstadt ist [...] entscheidend, dass ihr Innenleben sich in Wellenzügen über einen weiten nationalen oder internationalen Bezirk erstreckt. [...] Das bedeutsamste Wesen der Großstadt liegt in dieser funktionellen Größe jenseits ihrer physischen Grenzen: und diese Wirksamkeit wirkt wieder zurück und gibt ihrem Leben Gewicht, Erheblichkeit, Verantwortung. Wie ein Mensch nicht zu Ende ist mit den Grenzen seines Körpers oder des Bezirkes, den er mit seiner Tätigkeit unmittelbar erfüllt, sondern erst mit der Summe der Wirkungen, die sich von ihm aus zeitlich und räumlich erstrecken: so besteht auch eine Stadt erst aus der Gesamtheit der über ihre Unmittelbarkeit hinausreichenden Wirkungen. Dies erst ist ihr wirklicher Umfang, in dem sich ihr Sein ausspricht."

Aus: Simmel, Georg:
Die Großstädte und das Geistesleben. In: Bücher, Karl (Hrsg.): Die Großstadt. Vorträge und Aufsätze zur Städteausstellung. Zahn & Jaensch 1903, S. 185-206.

„[D]ie Grundlage für eine umweltfreundliche Stadt [liegt] nicht unbedingt in einem besonders umweltfreundlichen Städtebau oder neuartigen Technologien [...], sondern viel eher darin, dem allgemeinen Wohlstand eine Priorität gegenüber persönlichem Reichtum einzuräumen. Wie wir alle wissen, bräuchten wir eine ganze Reihe von Planeten, um die gesamte Menschheit in Vorstadthäusern mit zwei Autos und Vorgarten unterzubringen, und diese offenkundige Beschränkung wird gelegentlich herangezogen, um die Unvereinbarkeit endlicher Ressourcen mit steigendem Lebensstandard zu verdeutlichen. In den meisten Städten, gleichgültig ob in reichen oder armen Ländern, wird die potenzielle Umwelteffizienz, die sich aus einer dichten Besiedelung ergibt, völlig außer Acht gelassen. Städte bieten enorme ökologische Möglichkeiten, die bislang noch völlig verkannt und ungenutzt sind."

Mike Davis (geb. 1946),
amerikanischer Soziologe und Historiker,
in seiner Rede anlässlich der Verleihung
des Kulturpreises der Münchener Universitätsgesellschaft am 8. Dezember 2008

Die Vision der nachhaltigen Stadt

Der Moloch erfindet sich neu

Von Ralf Fücks

In allen Weltregionen stehen Städte vor der Aufgabe, sich neu zu erfinden. Ihre Transformation kann aber nur gelingen, wenn eine Vielzahl von Akteuren zusammenwirkt, das Gleichgewicht mit den Ökosystemen wiederherstellt und soziale Teilhabe für alle ermöglicht.

Wie der Begriff des nachhaltigen Wachstums ist auch die Vision der nachhaltigen Stadt für viele immer noch ein Oxymoron. Denn Städte sind unter den Hauptverursachern des Klimawandels, ökologische Monster mit einem immensen Verbrauch an Energie, Rohstoffen und Fläche mit einem gewaltigen Schadstoffausstoß, Verkehrslawinen, Abwasserströmen und Müllbergen. In den Anfängen der Ökobewegung galten die urbanen Metropolen als Inbegriff der Entfremdung des Menschen von der Natur. Wer alternativ leben wollte, zog aufs Land, weg von den Verirrungen der Konsumgesellschaft und der Hektik der Stadt.

Inzwischen ist das Pendel umgeschlagen. Städte sind ökologische und soziale Krisenherde - aber zugleich gelten sie als Pioniere des Wandels. Sie stehen im Zentrum der Probleme und bergen gleichzeitig alle Elemente zu ihrer Lösung: als verdichtete Orte menschlichen Zusammenlebens mit all ihrer sozialen und kulturellen Vielfalt, ihrem Reichtum an Wissen, ihrer demokratischen Öffentlichkeit, ihrer Kreativität und Innovationsfähigkeit.

Die Idee einer Auflösung der großen Städte zugunsten dezentraler Siedlungsstrukturen widerspricht nicht nur allen realen Entwicklungstendenzen, die überall auf der Welt eine beschleunigte Urbanisierung anzeigen. Der damit verbundene Flächenverbrauch wäre auch eine ökologische Katastrophe. Heute lebt zum ersten Mal in der menschlichen Geschichte mehr als die Hälfte der Weltbevölkerung in Städten. Das weitere Wachstum der Menschenzahl auf der Erde in den kommenden Jahrzehnten wird sich fast vollständig in den Städten niederschlagen. Bis zur Mitte dieses Jahrhunderts wird der Urbanisierungsgrad auf etwa 80 Prozent steigen.

Der Zuwachs der Weltbevölkerung auf rund neun Milliarden Menschen multipliziert mit einem gewaltigen Nachholbedarf der Menschen in den Entwicklungsländern an Wohnraum, Mobilität, Lebensmitteln, Wasser und Konsumgütern aller Art – das bedeutet einen gewaltigen Stresstest für die ohnehin schon strapazierten Ökosysteme. Mit den überkommenen Energie- und Verkehrssystemen, Gebäudetechniken, Verhaltensweisen und Regierungsformen ist diese Herausforderung nicht zu bewältigen. Die Städte der Zukunft werden sich von den heutigen nicht nur graduell unterscheiden. Das gilt zumindest für die expandierenden Städte Asiens, Amerikas und Afrikas. Wir brauchen die stimulierende Kraft visionärer Entwürfe wie die Ökostadt Dongtang in China, die eine der ersten CO_2-neutralen Städte der Welt werden soll, um gegen die Macht der Gewohnheit und die Trägheit der politischen und kommerziellen Mächte den Umbau der Stadt zu beschleunigen.

„Charta von Athen" endlich im Museum

Architektur und Städtebau waren schon immer ein kosmopolitisches Metier. Baumeister und Handwerker wanderten schon in der Antike von Land zu Land – das gilt heute erst recht, wo nationale Grenzen sich innerhalb Europas allenfalls als Restriktionen des jeweiligen Bau- und Planungsrechts bemerkbar machen. Auch wenn sich die urbanen Realitäten im alten Europa, in den USA, in Asien oder Lateinamerika in Vielem fundamental unterscheiden, stehen Städte doch fast überall auf der Welt vor gleichen Problemen und Herausforderungen. Es macht durchaus Sinn zu fragen, wie Städte in verschiedenen Weltregionen sich der Aufgabe stellen, die Treibhausgasemissionen drastisch zu senken und einen zukunftsfähigen Entwicklungspfad einzuschlagen. Wie können sie der Energienachfrage und den Mobilitätsbedürfnissen einer wachsenden städtischen Bevölkerung gerecht werden, ohne die Ökosphäre definitiv zu ruinieren? Wie verwandeln wir unsere Städte zu Nettoenergieproduzenten auf der Basis erneuerbarer Energien? Wie sieht das Verkehrssystem der Zukunft aus, das individuelle Mobilität mit einem Maximum an Flexibilität und einem Minimum an Flächenverbrauch und Emissionen verbindet (vgl.

S. 103 ff.)? Wie holen wir mithilfe modernster Technik wieder mehr Nahrungsmittelanbau in die Städte zurück und verwandeln monofunktionale Gebäude in multifunktionale Gebilde, in denen Läden, Büros und Wohnungen mit Gewächshäusern und gemeinschaftlichen Dachgärten kombiniert werden (vgl. S. 67 ff.)?
Zu all diesen Fragen gibt es schon heute eine Vielzahl von praktischen Antworten. Rund um den Globus sind Städte auf dem Weg, sich neu zu erfinden. Sie sind Vorreiterinnen bei der Senkung von Treibhausemissionen, setzen auf erneuerbare Energien und Kraft-Wärme-Kopplung, bauen die öffentlichen Verkehrssysteme aus und entdecken die Vorzüge lebendiger Stadtquartiere, in denen man auf kurzer Distanz arbeiten, wohnen, einkaufen und eine Vielzahl von Dienstleistungen in Anspruch nehmen kann. Die 1933 von einem internationalen Architekturkongress verabschiedete und in den Folgejahren von dem Architekten und Künstler Le Corbusier weiter ausgearbeitete „Charta von Athen", die wohl wirksamste und unheilvollste städtebauliche Doktrin der Moderne, wandert endlich ins Architekturmuseum. Unter dem Vorsatz einer Humanisierung der Städte entworfen, entwickelte sie sich nach dem Zweiten Weltkrieg zu einem Programm der Stadtzerstörung. Im Kern ging es um die funktional-räumliche Trennung von Arbeiten, Wohnen, Einkaufen und Kultur in der Stadt. Breitspurige Verkehrstrassen zerschnitten den Stadtraum, auf denen die Masse Mensch zwischen monotonen Wohnquartieren, monofunktionalen Gewerbegebieten und sterilen Innenstädten mit ihren Kauf- und Kulturpalästen zirkulierte. Die Zerstörungen des Krieges in Europa boten den Propagandisten der funktional gegliederten Stadt ein ideales Betätigungsfeld, um ihr Zerstörungswerk an der alten, dichten und gemischten Stadt fortzusetzen.

Schickes Stadtrad statt PS-strotzende Limousine

Der Grundriss einer weiträumig gegliederten, aufgelockerten und autogerechten Stadt mit weitgehend separierten Lebensbereichen entspricht exakt dem Zeitalter der scheinbar grenzenlos verfügbaren fossilen Energien. Sie wird noch gesteigert durch die fortschreitende Suburbanisierung, das Ausfransen der Vorstädte in die offene Landschaft, was weitere Verkehrsströme erzeugt. Billiges Öl war der Schmierstoff der automobilen Revolution, die den öffentlichen Raum in den Städten okkupierte und die Landschaften zerschnitt. Große Kohlekraftwerke deckten den wachsenden Strombedarf von Haushalten, Innenstädten und Industrie. Dieser Typus von urbaner Moderne steigert nicht nur den Energieverbrauch in gewaltige Dimensionen; sie frisst auch immer mehr Lebenszeit

der Stadtbewohner(innen) durch Ausdehnung der Verkehrswege. Zugleich zerstört sie die spezifische Qualität urbaner Öffentlichkeit, die nur durch funktionale Mischung, pulsierende Stadtquartiere und belebte Plätze entsteht. Tatsächlich korrespondiert der funktionalistisch-monumentale Städtebau eher mit faschistischen und kommunistischen Ideen, in denen Menschen als zu formende und kontrollierende Masse gelten, als mit einer demokratischen Vorstellung der Stadt als Res publica.
Heute begünstigt der Strukturwandel der städtischen Ökonomie die Rückwendung zur dichten und gemischten Stadt. Die Zeit der rauchenden Schlote ist zumindest in den postindustriellen Städten des Westens vorbei. Der räumliche Abstand zwischen Gewerbe und Wohnen kann wieder schrumpfen. Altindustrielle Brachen werden in Kultur- und Dienstleistungsquartiere umgewandelt. Die Kreativwirtschaft aus Designbüros, Medienunternehmen, Galerien, Modestudios, Beratungsunternehmen, Finanzdienstleistern und Forschungsinstituten sucht ein urbanes, kommunikatives Umfeld. Kultur, Bildung, Kindergärten, Restaurants und Bioläden im Nahbereich werden zu einem harten Standortfaktor. Für die neue Generation von Young Urban Professionals ist das Auto kein Statussymbol mehr. Es muss keine PS-strotzende Limousine mehr sein. Ein Hybridfahrzeug oder Elektroauto, das man lediglich für die gefahrenen Kilometer bezahlt, tut es auch. Statt eines teuren Schlittens leistet man sich jetzt ein schickes Stadtrad.

Öko-Wissen gehört inzwischen zum guten Architektenton

Wer dem Klimawandel zu Leibe rücken will, muss sich mit der Bautätigkeit der Menschen befassen. In den hochindustrialisierten Ländern entfallen rund 40 Prozent der Treibhausgas-Emissionen auf den Gebäudesektor. Zwar gibt es inzwischen weltweit innovative Beispiele für Green Buildings, die kaum noch Fremdenergie verbrauchen, ohne elektrische Klimaanlage auskommen und mit getrennten Wasserkreisläufen arbeiten. Ohne staatliche Nachhilfe dauert es aber noch Jahrzehnte, bis sich diese Pioniertechniken auf den Bestand ausgedehnt haben werden. Das liegt maßgeblich an den langen Lebens- und Abschreibungsszyklen von Gebäuden. Entsprechend langsam ist auch die Innovationsgeschwindigkeit im gebauten Raum.
Es gibt aber auch professionellen Nachholbedarf bei vielen Architekt(inn)en, Bauunternehmen und Immobilienmanagern. Lange Zeit spielten Energieeffizienz und Nachhaltigkeit weder in der Ausbildung noch in der beruflichen Praxis eine große Rolle. Das hat sich inzwischen geändert. Zumindest im Neubau zeichnet sich ein Boom ökologischen

Bauens ab. Es gehört inzwischen zum guten Ton, über Energiebilanzen und ökologische Baustoffe Bescheid zu wissen. Technische Fortschritte, neue Materialien und besseres Design ermöglichen die Integration von Funktionalität, Ästhetik und Ökologie. Gebäudefassaden erzeugen Solarstrom und regulieren die Temperatur, vertikale Treibhäuser verbessern das Gebäudeklima und absorbieren überschüssige Wärme, horizontale Windkraftanlagen rotieren auf Dächern, dezentrale Kraft-Wärme-Aggregate decken den restlichen Energiebedarf, alle verbauten Materialien sind recycelbar: Das alles ist keine Utopie, sondern bereits heute machbar.

„Der Zuwachs der Weltbevölkerung auf rund neun Milliarden Menschen multipliziert mit einem gewaltigen Nachholbedarf der Menschen in den Entwicklungsländern bedeutet einen gewaltigen Stresstest für die ohnehin schon strapazierten Ökosysteme."

Im Jahr 2009 übergab der Bund Deutscher Architekten dem damaligen Bundesbauminister Wolfgang Tiefensee das von zahlreichen Architekten, Ingenieurinnen und Landschaftsplanern unterzeichnete Manifest „Vernunft für die Welt", in dem sie für ihre Zunft Verantwortung für den Klimawandel übernehmen. Das stimmt durchaus hoffnungsvoll. Viele Fragen einer Low-Carbon-Baukultur sind jedoch noch unbeantwortet: Wie übersetzen wir ambitionierte Pionierprojekte in einen umfassenden Stadtumbau, der möglichst rasch auch den Gebäudebestand ergreift? Welche Finanzierungs- und Förderinstrumente sind dafür nötig?

In der Energiewirtschaft hat das Erneuerbare-Energien-Gesetz mit seinen garantierten Einspeisevergütungen für erneuerbare Energien für einen raschen Strukturwandel gesorgt. Ein vergleichbares Instrumentarium für den ökologischen Stadtumbau steht noch aus. Dabei können Visionen der zukunftsfähigen Stadt nicht beim einzelnen Gebäude haltmachen. Es geht um veränderte Stadtlandschaften und eine Erneuerung der Infrastruk-

tur, insbesondere in den Bereichen Verkehr, Energienetze, schnelle Datennetze und Wasserversorgung. Dahinter stehen neue Entwürfe urbanen Arbeitens und Lebens, urbaner Kommunikation und Öffentlichkeit.
Die Transformation zur nachhaltigen Stadt lässt sich nur im Zusammenwirken einer Vielzahl von Akteuren bewältigen. Dabei ist die Politik auf allen Ebenen ebenso gefordert wie Investoren, Stadtplanerinnen, Architekten und die städtische Öffentlichkeit - also wir alle. Politik muss die rechtlichen und ökonomischen Rahmenbedingungen setzen, um private Investitionen und individuelles Verhalten in ökologische Bahnen zu lenken. Dazu gehören progressiv steigende Energiestandards für Neu- und Altbauten, steuerliche Anreize für Wärmedämmung, ein attraktiver öffentlicher Verkehrsverbund, die fahrrad- und fußgängerfreundliche Umgestaltung des öffentlichen Raums, der Aufbau einer standardisierten Lade-Infrastruktur für Elektroautos und die schrittweise Umstellung der Staatsfinanzierung auf Ressourcensteuern. Der Aufbau der modernen Wasser- und Abwasserinfrastruktur in den Städten war nur möglich, weil für alle Immobilienbesitzer(innen) ein Anschlusszwang festgelegt wurde. Eine analoge Regelung brauchen wir in Zukunft auch für Strom und Wärme aus erneuerbaren Energiequellen.

Wohlstandsinseln und Armutszonen vermeiden

Moderne Großstädte sind zu komplexe Gebilde, um sie zentral „von oben nach unten" zu steuern. Das gilt erst recht für die Megacitys in Asien, Lateinamerika und Afrika. Selbstverständlich braucht es eine integrierte Rahmenplanung für Bauen, Verkehr, Energie- und Wasserversorgung, Schulen und soziale Dienste. Aber sie wird nicht umgesetzt werden können ohne die frühzeitige Beteiligung der Stadtbürger(innen) an städtischen Planungs- und Entscheidungsprozessen (vgl. S. 38 ff.). Das Internet erweitert die traditionellen Formen der Versammlungsdemokratie um neue Informationskanäle und Diskussionsforen zu städtischen Angelegenheiten. Die zentrale Verwaltung ist um eine dezentrale Selbstverwaltung der Stadtquartiere zu ergänzen. Eine dritte Akteurin ist die Zivilgesellschaft selbst - Bürgerinitiativen, Stadtteilprojekte, freie Träger für soziale und kulturelle Einrichtungen, Vereine, Selbsthilfegruppen, genossenschaftliche Projekte. Last but not least geht es darum, Unternehmen zu guten Corporate Citizens zu machen, die sich für die öffentlichen Angelegenheiten engagieren: als Sponsoren, aber auch als Partner von Schulen, Universitäten, Kulturhäusern und bürgerschaftlichen Projekten.
Die ökologische Erneuerung der Städte wird schwerlich gelingen, wenn sie nicht mit

einer Überwindung der sozialen Kluft verbunden ist, die sich vielerorts immer stärker öffnet. Fällt die Stadt in räumlich segregierte Wohlstandsinseln und Armutszonen auseinander, wird auch einer integrierten Verkehrs- und Flächenplanung der Boden entzogen. Das hat Auswirkungen bis hinein in die Verkehrsstruktur: Wenn sich die sozialen Gegensätze verschärfen und die Unsicherheit steigt, ziehen sich die Wohlhabenderen in ihre Autos zurück. Die öffentlichen Verkehrsmittel verkommen, der öffentliche Raum verödet. Vermieter(innen) in Stadtquartieren mit hoher Arbeitslosigkeit werden schwerlich dafür zu gewinnen sein, in die ökologische Sanierung ihrer Gebäude zu investieren. Sozialer Wohnungsbau, Kulturzentren, Sportvereine, Anwohnerinitiativen und die Ansiedlung kleiner Gewerbebetriebe können zur Stabilisierung prekärer Wohnviertel beitragen. Der Schlüssel jedoch liegt in Bildung und beruflicher Qualifizierung – nur sie eröffnen auf Dauer einen Ausweg aus Armut und Perspektivlosigkeit.

Städte waren im Altertum die Wiege der Demokratie, der Philosophie und der Wissenschaft. Sie waren Zentren bürgerlicher Selbstverwaltung im späten Mittelalter und Pioniere der industriellen Revolution. Auch die großen demokratischen Bewegungen der Neuzeit gingen von den Städten aus: der Sturz der Feudalherrschaft und die Errichtung der demokratischen Republik. Jetzt müssen sie zu Vorreiter(inne)n der ökologischen Transformation werden. In ihnen entscheidet sich, ob wir einer humanen Zukunft entgegengehen, die das Gleichgewicht mit dem Ökosystem wiederherstellt und soziale Teilhabe für alle ermöglicht.

Welches Fossil nehmen Sie mit ins „Postfossilozän"?
Mich selbst. Muss ich das begründen?

Zum Autor
Ralf Fücks, geb. 1951, ist Sozialwissenschaftler und Ökonom und amtiert seit 1996 als Vorstand der Heinrich Böll Stiftung. Von 1991 bis 1995 war er Senator sowie Bürgermeister in der Bremer Ampelkoalition.

Kontakt
Ralf Fücks
Heinrich Böll Stiftung
Schumannstr. 8, D-10117 Berlin
Fon ++49/(0)30/285 34 -0
E-Mail fuecks@boell.de

PLANFESTSTELLUNGS-VERFAHREN

Obwohl Peak Oil absehbar ist, bauen wir unsere Städte weiter auf der Basis von Öl. Immerhin hören Vorreiter-Kommunen auf Warnsignale wie Klimawandel und Ressourcenknappheit und stellen auf umweltfreundliche Verkehrsmittel um oder investieren in die energetische Sanierung des Altbaubestandes. – Vor welche Herausforderungen stellt der demografische Wandel die Städte? Warum ist die Aufwertung eines Stadtviertels häufig ökologisch hui, aber sozial pfui? Wie sind die Bürger stärker an einer nachhaltigen Stadtplanung zu beteiligen?

Die Stadt, ein komplexes System räumlicher Ordnung

Das Kapsel-Denken überwinden

Von Sophie Wolfrum

Die Stadt per se ist nicht nachhaltig, aber das traditionelle Ziel von Städteplanung und Städtebau, die Lebensbedingungen der Bewohner zu verbessern, lässt hoffen. Für die dringend notwendige Reparatur der Peak-Oil Citys ist es entscheidend, sie als Systeme zu sehen, die auf Gedeih und Verderb mit ihrer Umwelt verflochten sind.

Bevor wir versuchen, in die Zukunft der postfossilen Stadt zu schauen, lassen Sie uns kurz zurück in die Geschichte des Städtebaus blicken. Die Notwendigkeit, gesunde Lebensbedingungen zu schaffen angesichts des Elends in den rapide wachsenden Städten, zählte Ende des 19. Jahrhunderts zu den wesentlichen Grundmotiven der damals neuen Disziplin Städtebau. Hygiene, Licht, Luft und soziale Wohlfahrt lieferten die Stichworte für baupolizeiliche Regelungen und eine umfassende Stadttechnik, die für sauberes Trinkwasser, entsorgtes Abwasser, hygienische Schlachthöfe, Krankenhäuser, Schulen, Friedhöfe und Sportanlangen verantwortlich wurde.

Das Bedürfnis nach gesundem Wohnen prägte bis weit in die Moderne hinein die großen Stadterweiterungen, den Siedlungsbau und somit die neuen Typologien des Wohnungsbaus. Die Notwendigkeit, Immissionen zu vermeiden, lieferte einen der Beweggründe für die funktional getrennte Stadt. Dort wo gearbeitet wurde oder der Verkehr floss, konnte man nicht wohnen. In den europäischen Städten sind wir heute tief in der Tradition einer von allen fremden Zumutungen befreiten Privatsphäre befangen. Die sogenannte gesunde Stadt ist für privilegierte Schichten in privilegierten Ländern zur Selbstverständlichkeit geworden. In ihr wird sogar Kinderspiel als eine Störung gewertet, die regelmäßig die Gerichte beschäftigt.

Bis heute liefert der Anspruch auf eine „wohltemperierte Umwelt", ein Begriff, den der Architekturkritiker Reyner Banham geprägt hat, die Motive stadtplanerischer Vorsorge. In dieser Tradition der Stadtplanung und des Städtebaus befinden wir uns seit etwa 150 Jahren. Die moderne Großstadt der Wohlhabenden liefert ihre Annehmlichkeiten jedoch auf Kosten der anderen: des regionalen und globalen Hinterlandes. Laut der Ausstellung „Zukunft München" von 2008 würde der ökologische Fußabdruck Münchens, wenn ihn alle Städte in Anspruch nähmen, die 2,5-fache Fläche der Erde erfordern. Dahingegen sind die meisten Städte der Welt weit von der lebenserhaltenden Grundversorgung ihrer Bewohner(innen) entfernt, geschweige denn davon, eine gesunde Stadt zu sein.

Stadttechnik mausert sich zum Umweltmanagement

Saubere Flüsse, saubere Luft und Müllentsorgung avancierten zu Themen einer umfassenden Stadtökologie. Als man in der Hochzeit der Industrialisierung in den 1970er-Jahren deren externe Effekte zunehmend problematisierte, entstand parallel zu den Bau- und Planungsgesetzen - und mit diesen intensiv verflochten - ein umfassendes Umwelt- und Naturschutzrecht. Die Ökologie der Stadt wurde in Umweltämtern zu einem Thema kommunaler Vorsorge und Planung. Kleine Kreisläufe, regenerierbare Energien und stabile Wasserhaushalte werden allmählich aufgrund zunehmender lokaler Katastrophen eingeklagt.

Nicht dass alle diese Probleme heute gelöst wären. Aber sie sind über das Bewusstsein der Profession von Raum- und Umweltplanung hinaus in der breiten politischen Öffentlichkeit angelangt. Was nicht heißt, dass ein Europäer sein Heim im Überschwemmungsgebiet eines Flusses aufgeben, sein Auto verkaufen oder weniger als zweimal im Jahr für eine Kurzreise ins Ferienhaus am Mittelmeer fliegen würde. Trotzdem erwarten wir, dass man in einem Fluss wieder baden kann, dass Grenzwerte der Luftbelastung eingehalten werden, Frischluftschneisen erhalten und Biotope geschützt werden. Um diesen Erwartungen gerecht zu werden, hat sich die Stadttechnik in den vergangenen 40 Jahren über Hygiene- und Gesundheitsbelange hinaus zu einem komplexen vernetzten Umweltmanagement weiterentwickelt.

Das erste große Fanal in diesem öffentlichen gesellschaftlichen Prozess, der angesichts des globalen Klimawandels nun alle Politikfelder erreicht hat, war die vom Club of Rome 1972 veröffentlichte Studie „Die Grenzen des Wachstums". Man begann, Städte in ihrer globalen Vernetzung als umfassende Ökotope zu begreifen, deren Lebensbedingungen über die eigene Generation hinaus Relevanz bekommen. Die Agenda 21 von 1992 und die Aarlborg-Charta von 1994 weisen den Kommunen eine Schlüsselrolle zu. Seit 1996, dem Jahr der UN-Siedlungskonferenz Habitat II in Istanbul, ist die Verantwortung für künftige Generationen in das deutsche Grundgesetz in Artikel 20a aufgenommen.
In den vergangenen vier Dekaden wird offensichtlich, dass die wohlhabenden und die armen Länder, die dynamischen und die konsolidierten Gesellschaften in ein gemeinsames Netz globaler Abhängigkeiten verstrickt sind. Innerhalb der Profession der Stadtplanung und des Städtebaus findet eine ständige thematische Erweiterung statt: Sie reicht vom ingenieurpragmatischen Machen und der Ausweitung der Stadttechnik auf neue Themen, über das Inkorporieren von Arbeitsfeldern wie Landschaft oder Medien wie Wasser in die städtebauliche Praxis bis zu einem sehr weiten Begriff der Nachhaltigkeit gemäß der Definition durch die Brundlandt-Kommission 1987, die die ursprüngliche human-ökologische Thematik um soziale und ökonomische Aspekte ergänzte.
Es gab immer zeitgebundene Visionen und Utopien für die „gute Stadt", die sich aus den Defiziten der jeweiligen Praxis und den Misslichkeiten der entsprechenden Wirklichkeit heraus definiert haben. Aber ist es hilfreich, alle Gerechtigkeitsansprüche an die zeitgenössische Stadt nun unter dem Begriff der Nachhaltigkeit zu subsumieren? Einerseits erkennen wir die Interdependenzen zwischen den sozialen, ökonomischen und ökologischen Feldern der Politik, andererseits müssen wir, um handlungsfähig zu werden, die Fragen präzise stellen. (1)

Ist Masdar City nachhaltig?

Heute, im Jahr 2011, werden die Labels „green" und „clean" bisweilen schamlos als Brands verschlissen. Das Thema ist in der Breite der Gesellschaft angekommen und changiert zwischen oberflächlichen Marketingstrategien für eine neue Produktwelt und einem umfassenden Umdenken über die Art und Weise, wie Menschen auf der Erde zu Hause sein können. Als nachhaltig gepriesene urbanistische Projekte wie Masdar City, eine geplante Universitätsstadt neben dem Flughafen von Abu Dhabi, besetzen auf dieser Skala keine eindeutige Position (vgl. S. 91 ff.). Die Eigenwerbung „Masdar City is the most ambitious sustainable development in the world today – it will be the world's first zero carbon, zero waste city" war dennoch erfolgreich: 2009 hat Abu Dhabi das Rennen um den Sitz der Internationalen Agentur für Erneuerbare Energien (IRENA) gewonnen. Masdar City kann als Zero Carbon City gelten, aber nur wenn man die Systemgrenze präzise um den Quadranten des Bauprojektes legt. Innerhalb dieser Grenze sind die Erfolge der Planung allerdings beachtlich, allein schon was den sogenannten Heat-Island-Effekt betrifft: In diesem Stadtteil in der Wüste wird man sich im Freien aufhalten können – im Unterschied zur Kernstadt Abu Dhabi. Aber weitet man die Betrachtung nur geringfügig aus, bricht die Bilanz ein. Nebenan ist ein Flughafen, der den Ort mit der Welt vernetzt – er befindet sich außerhalb der Systemgrenze. Umgeben ist das Projekt mit Parkhäusern für Autos; sie bleiben außerhalb der Systemgrenze wie auch die Wohn-

„Wenn in absehbarer Zeit 75 Prozent der Weltbevölkerung in Städten leben, können wir uns die Stadt als Schmarotzerin bei anderen Kulturen und ihren Umwelten nicht mehr leisten."

orte der Pendler(innen). Die Bauarbeiter müssen nach der Fertigstellung wieder zurück nach Bangladesch, auch sie werden außerhalb der Systemgrenze „entsorgt". Das ganze Modell der Life Balance der Baumaterialien funktioniert nur, wenn neben der räumlichen auch die zeitliche Systemgrenze präzise und eng gefasst wird. Gleich neben Masdar City liegt Yas Island mit Ferrari-Themenpark und Formel-1-Strecke, die man als Anwohner(in) benutzen kann.

Andererseits ist Masdar City ein lohnendes Experiment und erfolgreich darin, Zukunftstechnologien mit Erfahrungen traditionellen Bauens in ariden Zonen zu verknüpfen, die in der rapiden Urbanisierung der Golfstaaten verloren gegangen waren. Es liefert einen attraktiven Anreiz für klimagerechtes Bauen. Es ist eine Investition in die Post-Oil-Zukunft eines Ölstaates, aber eine nachhaltige Stadt ist Masdar City nicht. Denn dann müsste man sich zumindest fragen, warum man eine Universitätsstadt für eine globale Klientel in einer Klimaregion gründet, die extrem unwirtlich ist. Nicht von ungefähr herrschten in der Vergangenheit in Abu Dhabi nomadische Praktiken vor: Im Sommer hat man diesen Ort verlassen.

Die Frage der Systemgrenze ist entscheidend. Früher lebten Städte von der Überschussproduktion der Landwirtschaft und des Agrarlandes, basierte der Reichtum Europas auf der Ausbeutung der Ressourcen seiner Kolonien. Die Stadt selbst im engeren räumlichen Sinne war nie nachhaltig. Sie war eine Überschusssenke, genährt von ihrer Region, die diesen Überschuss langfristig liefern musste. Wenn heute über 50 Prozent der Weltbevölkerung in Städten leben, und in absehbarer Zeit 75 Prozent, können wir uns die Stadt als Schmarotzerin bei anderen Kulturen und ihren Umwelten nicht mehr leisten. Die Ausbeutung der Ressourcen armer Weltgebiete zugunsten reicher mächtiger Regionen ist zwar noch immer wirtschaftliche und politische Gegenwart. Aber sie wird als politischer Wert nicht mehr fraglos akzeptiert. Wo also ziehen wir in einer globalisierten Welt die Systemgrenze einer Stadt?

Städtische Fossile der Gegenwart

Noch bauen wir gegen besseres Wissen Peak-Oil Citys. Die neuen Städte an den Mittelmeerküsten zum Beispiel sind solche Fossile der Gegenwart. Sie bestehen aus Zweitwohnungen wohlhabender Europäer(innen). Sie sind nur mit dem Auto zu erreichen, das man für jede Besorgung benötigt. Wasser bekommen sie auf Kosten des Hinterlandes, das im wahrsten Sinne verwüstet wird. Diese Städte werden die Sanierungsfälle der näheren Zukunft sein. Wir können sie uns eigentlich heute schon nicht mehr leisten. Aber der Immobilienmarkt produziert sie weiterhin auf wachsende Nachfrage.

40 Jahre Stadtökologie: In dieser Zeit ist seit der Nelkenrevolution Portugals die Metropolregion Lissabon entstanden, ein Beispiel par excellence für Zersiedelung, Raubbau an der Landschaft und Abhängigkeit vom Individualverkehr. Die postfossile Stadt wird notwendigerweise solche Ressourcenvergeudung vermeiden müssen. Lassen sich dabei etablierte Praktiken gesellschaftlichen Handelns überhaupt aufrechterhalten? Kann man Städte allein durch neue Technologien zukunftsfähig machen? Dann müsste die Stadt nicht grundlegend anders strukturiert sein, sondern Techniken und Praktiken des Ressourcenmanagements müssten lediglich technologisch weiterentwickelt werden. Wie weit müssen darüber hinaus das alltägliche Handeln, die Raumproduktion verändert werden, und damit die gebaute Umwelt, die als Abdruck und Voraussetzung dieses Han-

delns generiert wird? Think global, act local - was heißt das konkret für den jeweiligen Ort und die jeweilige Stadt?

Die Stadt der Moderne überwinden

Einige Notwendigkeiten der postfossilen Stadt sind immerhin offensichtlich, fallen nicht der Spekulation anheim, da sie konstituierende Elemente der fossilen Stadt des Industriezeitalters hinter sich lassen. Ein Beispiel: Mobilität ist ein konstituierendes Element der Moderne. Die Mobilitätstechnologien der Moderne verschlangen Ressourcen und schufen unwirtliche Stadträume - Straßen, die dem Individualverkehr, aber nicht der Stadt dienten und als öffentliche Räume nur bedingt taugten. Fachliche Kritik an diesen Effekten wird seit den 1960er-Jahren geäußert. Erfordert Green Mobility nun lediglich ein Umschwenken auf Elektroautos, die energetisch auf der positiven Seite liegen? Daran arbeitet die Automobilindustrie mit Nachdruck. Vielleicht ein noch besserer Modal Split, mehr Fahrradverkehr, bessere U-Bahnen. Oder muss die Stadt der Zukunft sich nicht grundlegend von diesem Mobilitätsmuster der Moderne entkoppeln? Man kann schon heute erfolgreich sein ohne physisch mobil zu sein, weil man auf andere Weise kommunikativ vernetzt ist. (2) Wahrscheinlich liegt die Lösung irgendwo dazwischen (vgl. S. 103 ff.).

Verhaltensweisen werden sich ändern müssen. In München zum Beispiel ist es hipp, mit dem Fahrrad zur Arbeit zu fahren, man sucht sich eine Wohnung in der Stadt, von der aus das möglich wird. Alte Berufspendlerbiografien werden abgelegt. Aber es ist kein Zurück in die vorindustrielle Stadt der kurzen Wege, die Region nutzt auch der Berufsradler zumindest in der Freizeit. Der Freizeitverkehr wird je nach Quelle auf 40 bis 50 Prozent des gesamten Personenverkehrs geschätzt. (3)

Viele der Themen, die wie die Mobilität als konstituierende Elemente einer nachhaltigen Stadt gehandelt werden, sind im Kern eine direkte kritische Reflexion der Stadt der Moderne, wie sie aus dem industriellen fossilen Zeitalter überkommen ist: Dichte und Mischung als Reflex auf die Ideologie der Funktionstrennung, räumliche Clusterstrukturen als Reflex auf monozentrische Schwerfälligkeit, kleine Kreisläufe, Smart Grids und differenzierte Netze als Emanzipierung vom unbeweglichen Großversorger, energetische Intelligenz von Gebäuden als Reflex auf steigende Energiepreise, Region und Ort als Gegengewicht zu Geschichtsvergessenheit, soziale Entwurzelung und Entfremdung, Netzstadt als Antwort auf starre räumliche Hierarchien. Da nun Stadt ein extrem träges

System ist, das der ständigen Reparatur und Pflege bedarf, macht all dies Sinn. Es ist die dringend notwendige Reparatur an der Stadt der Moderne. Aber werden diese urbanen Strategien hinreichend erfolgreich sein?

Szenarien überschreiten Systemgrenzen der Stadt

Andere Aspekte zukünftiger Städte mögen in den Bereich der Utopie oder eines grundlegenden Paradigmenwechsels des Städtischen fallen. Auch sie reflektieren zunächst unsere unzulängliche Gegenwart: Vertikale Landwirtschaft wird Teil der Stadt und entkoppelt sich von Landschaft, Umwelt, Grund und Boden (vgl. S. 67 ff.). Klimawandel und Erderwärmung werden die Meeresspiegel ansteigen lassen; ganze Regionen werden verlassen werden oder es gibt eine neue Kultur und Technik aquatischer Siedlungen. Das Zeitalter der Sesshaftigkeit wird zu Ende sein, das die Menschen 10.000 Jahre lang kultiviert haben, weil sie Bauern waren. Nomadische Lebensweisen werden wieder vorherrschen, so wie es der Medienphilosoph Villem Flusser diagnostizierte. In dem Fall wäre die Debatte über Mobilität und über Bauen noch grundsätzlicher zu führen.

Alle Szenarien der postfossilen Stadt gehen jedoch weit über die Systemgrenze eines einzelnen Gebäudes oder auch größeren Bauprojektes hinaus, das noch so avanciert technologisch ausgerüstet sein mag. Es war eine Täuschung der Moderne, das Haus könne eine autonome und autarke Lebenserhaltungskapsel sein, von der Umwelt isoliert und abgekoppelt. Szenarien der 1960er-Jahre wollten diese Wohnmaschinen auf ganze Städte übertragen: Der Architekt Buckminster Fuller zum Beispiel überkuppelte die Stadt New York in einer Fotomontage mit einer Klimahülle, Ron Herron von der Gruppe Archigram zeichnete 1964 eine Walking City, die ihre Umwelt wandernd hinter sich lassen konnte. Masdar City ist eigentlich noch immer solch ein Raumschiff der Moderne. Über dieses Kapsel-Denken muss die postfossile Stadt hinauskommen. Städte sind komplexe Systeme, die auf Gedeih und Verderb mit ihrer Umwelt verflochten sind.

Heute sind Kulturlandschaft und Stadtlandschaft miteinander verwobene Erscheinungen von Stadt. Es gibt wachsende und schrumpfende Regionen sowohl in ländlichen Gebieten als auch in den Kernstädten. Dies bewirkt einen permanenten Umbau von Städten und Landschaften, der als Chance begriffen werden kann: Es gilt Differenzen anzuerkennen, Unterschiede zu entwickeln, lokale Eigenheiten als Vorteil zu begreifen und auszubauen. Es gibt keine pauschalen Rezepte als vielmehr vielfältige Strategien der sorgfältigen Pflege des Besonderen. Vorsicht und Bedachtsamkeit, Sorgfalt und Bescheidenheit, wie Bruno Latour es ausdrückt: „Mit anderen Worten, es geht um ein kollektives Experimentieren im Hinblick auf die möglichen Zusammenhänge zwischen Dingen und Menschen, ohne dass von nun an eine dieser Entitäten von der anderen als bloßes Mittel benutzt wird." (4)

Anmerkungen

(1) Ich teile die Einschätzung von Rolf Sieferle: „Wenn der Begriff [der Nachhaltigkeit] auf die mögliche Dauer des physischen Austausches zwischen einer Gesellschaft und ihrer natürlichen Umwelt beschränkt wird, wird er entpauschalisiert und damit erst wieder brauchbar." Aus: Sieferle, Rolf Peter (2008): Urbane Nachhaltigkeit - eine Utopie? In: Wolfrum, Sophie/Nerdinger, Winfried (Hrsg.): mulitple city. Berlin, S. 194-197.

(2) Bonß, Wolfgang/Kesselring, Sven/Weiß, Anja (2005): Society on the Move. Mobilitätspioniere in der Zweiten Moderne. In: Beck, Ulrich/Lau, Christoph (Hrsg.): Entgrenzung und Entscheidung: Was ist neu an der Theorie reflexiver Modernisierung? Frankfurt a. Main, S. 258-281.

(3) www.tuvpt.de/abgeschlossene-projekte/freizeitverkehrde.html

(4) Latour, Bruno (2010): Modernisierung oder Ökologisierung? Das ist hier die Frage. In: Arch+ 196/197, S. 18.

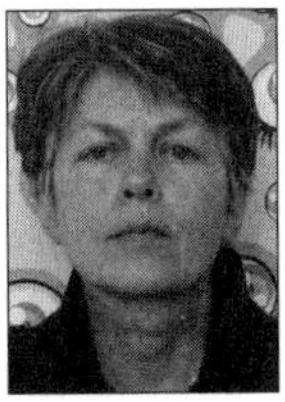

Welches Fossil nehmen Sie mit ins „Postfossilozän"?
Kamin mit Birkenholzfeuer, den Inbegriff von Gemütlichkeit im Winter.

Zur Autorin
Sophie Wolfrum, geb. 1952, ist seit 2003 Professorin für Städtebau und Regionalplanung an der Fakultät für Architektur der Technischen Universität München. Die studierte Raumplanerin gewann mit ihrem Büro Janson+Wolfrum zahlreiche Preise, u.a. den Deutschen Städtebaupreis 1995 und 2006. Sie war Gastprofessorin an der Gesamthochschule Kassel und ist u.a. Mitglied der Deutschen Akademie für Städtebau und Landesplanung sowie zahlreicher Jurys und Fachbeiräte.

Kontakt
Prof. Sophie Wolfrum
Lehrstuhl für Städtebau und Regionalplanung
Fakultät für Architektur
Technische Universität München
Arcisstraße 21, D-80333 München
Fon ++49/(0)89/28 92 24 77
E-Mail sophie.wolfrum@tum.de

Demografischer Wandel

Kommunen, hört die Signale!

Von Klaus J. Beckmann

Familienfreundliches Wohnen, kindergerechte Quartiere und altersbezogene Dienste sind nur einige der Bedürfnisse der urbanen Bevölkerung. Wollen Kommunen abwanderungsgefährdete Gruppen halten, müssen sie auf die sich verändernden demografischen Rahmenbedingungen reagieren und ihre Angebote anpassen.

Demografische Prozesse haben eine hohe Stabilität und sind daher auch für die Zukunft gut einschätzbar. Dies gilt insbesondere für die natürliche Bevölkerungsentwicklung, die sich an Fruchtbarkeitsziffern der Frauen sowie geschlechtsspezifischen Lebenserwartungen ablesen lässt. Weniger gut, aber noch vergleichsweise verlässlich, sind internationale und interregionale Wanderungen einzuschätzen. Für Zu- und Fortzüge innerhalb der Regionen – beispielsweise aus den Kernstädten in die suburbanen Bereiche – nimmt die Aussagenschärfe und -verlässlichkeit weiter ab, weil kleinräumige Standortpräferenzen unter dem erheblichen Einfluss von veränderten Lebensstilen, Haushaltsbildungen, der Finanzsituation der Haushalte, aber auch von veränderten Wohnungs-, Mobilitätsangeboten und Wohnumfeldqualitäten stehen können.
Obwohl die Wirkungen demografischer Veränderungen gut einschätzbar sind, hat man sich bis vor etwa 15 Jahren in vielen Städten mit dem Thema Demografie nicht differenziert befasst. Dies ist verwunderlich, da nahezu alle kommunalen Aufgaben- und Leistungsfelder mehr oder weniger stark von demografischen Prozessen betroffen sind.

Heute dominieren in den Diskussionen der Städte, insbesondere jenen mit schrumpfender Bevölkerung, Themen wie Alters- und Kinderarmut, Wohnungsleerstände, Grundstücksbrachen sowie Finanzierungsengpässe sowohl für die Umgestaltung als auch für die Erhaltung der sozialen und technischen Infrastrukturen sowie für die Kosten dieser Infrastrukturen bei sinkender Bevölkerungszahl. Zum Teil sind damit Hoffnungen auf zukunftsorientierte Nutzungspotenziale von Brachflächen und leer stehenden Gebäuden und Reduktionen von Überlastungserscheinungen - zum Beispiel auf dem Wohnungsmarkt oder im städtischen Verkehr - verbunden. Diskutiert wird aber auch der Bedarf an neuen Qualitäten beispielsweise im Zusammenhang eines lebenslangen Lernens oder neuer Leistungsbereiche der Zivilgesellschaft (vgl. S. 67 ff.). Insgesamt besteht unabweisbar Handlungsbedarf - vor allem hinsichtlich der Gestaltung von Stadt unter Schrumpfungsbedingungen und veränderten Rahmenbedingungen für Stadtgesellschaft, -wirtschaft und -entwicklung, aber auch für Arbeits- und Beteiligungsprozesse.

Konkurrenz um Jüngere und Qualifizierte

2005 lebten in der Bundesrepublik Deutschland etwa 82,5 Millionen Menschen. Bis 2030 wird die Gesamtbevölkerung in Deutschland nur geringfügig abnehmen, im Jahr 2050 wird sie auf 69 bis 74 Millionen sinken, bis 2060 auf 65 bis 70 Millionen. Dabei steigt der Anteil der Personen, die älter als 65 Jahre sind, auf 30 Prozent, das Durchschnittsalter von 43 (2005) auf 50 Jahre (2050), die Anzahl der Pflegefälle von 1,9 Millionen (1999) auf 4,7 Millionen (2050). (1)

Bei räumlich differenzierter Betrachtung zeigt sich, dass schon heute parallel Schrumpfungs-, Stagnations- und Wachstumsregionen - zum Teil in enger Nachbarschaft der Stadtquartiere - existieren. Dies sind Prozesse, die zunehmend eine Konkurrenz um Einwohner(innen), insbesondere junge Menschen, Familien mit Kindern, qualifizierte Erwerbsfähige, aber auch leistungsfähige Ältere auslösen. Die Tatsache, dass gleichzeitig die Haushaltsgrößen abnehmen, lässt mittelfristig die Nachfrage nach Wohnungen und Wohnflächen noch steigen. Dabei liegt ein Schwergewicht auf neuen Wohnformen für Alleinstehende, Alleinerziehende und Alte sowie auf neuen Realisierungsformen wie Baugruppen. Die veränderte Altersstruktur erfordert eine Beachtung altersgerechter Bedingungen, was Wohnungen, Wohnumfeld, Erreichbarkeiten, Mobilitätsangebote, aber auch Arbeitsplatzangebote angeht. Dabei sind alternde Regionen nicht automatisch Problembereiche. Höheres Lebensalter bedeutet nicht automatisch Inaktivität und Rückzug aus zivilgesellschaftlichem Engagement. (2) Veränderungen bei Lebensstilen, Haushalts- und Familienformen sowie Altersstrukturen lassen erwarten, dass die Stadtaffinität der Bevölkerung deutlich zunimmt. Dadurch wird es in Schrumpfungsregionen zum Zuziehen oder Rückwandern in die Stadt kommen, beispielsweise nach Leipzig, Dresden oder Dortmund. (3) Diese Umstrukturierungsprozesse führen aber zu partiellen Verdrängungen mit der Folge sozialer, ethnischer und altersstruktureller Segregation (vgl. S. 45 ff.).

Nahraum gewinnt an Bedeutung

Mit den quantitativen sowie alters- und haushaltsstrukturellen Veränderungen überlagern sich sogenannte Kohorteneffekte. Das heißt, dass die Alten sich in 20 bis 30 Jahren nicht so verhalten wie die heutigen Alten, sondern dass sie ihren im Lebensverlauf eingeübten Handlungsroutinen und Werthaltungen auch im Alter folgen.

Die Nachfragestrukturen wie auch die finanziellen Rahmenbedingungen von Einzelpersonen und Privathaushalten, die öffentliche und private Leistungen nachfragen, ändern sich. Gleichzeitig ist die Lage aller öffentlichen Haushalte zunehmend angespannt. Daraus ergeben sich veränderte Anforderungen an die Aufgabenteilung zwischen den Vermittlungsformen der Leistungserbringung, dem Markt, dem Transfer und der Gegenseitigkeit. Aufgrund struktureller Schwächen der individuellen Teilhabemöglichkeiten am Markt und sinkender öffentlicher Transferleistungen ist davon auszugehen, dass die Gegenseitigkeit als zivilgesellschaftliche Leistungserbringung, beispielsweise das Ehrenamt, an Bedeutung gewinnt. Außerdem verändern sich die Anforderungen an die Standortmuster für Einrichtungen, an die Organisations- und Betriebsformen sowie an die Flächenbedarfe. Im Alter, aber auch für Alleinstehende, Haushalte mit mehreren Erwerbstätigen und Alleinerziehende steigt die Bedeutung der Erreichbarkeit im Nahraum.

In Verbindung mit veränderten Haushaltsformen und Lebensstilen betreffen demografische Veränderungen besonders:

- Wohnungsangebote, Wohnformen und Wohnungsgrößen,
- Wohnumfeldqualitäten hinsichtlich der Erreichbarkeit von Versorgungseinrichtungen und Umweltqualitäten,
- Art und Standortmuster sozialer Infrastrukturen wie Kindergärten, Schulen, aber auch von Einzelhandel und Dienstleistungen sowie
- nichtmotorisierte Verkehrsangebote im Nahraum, die Erschließung durch den Öffentlichen Personennahverkehr und einen stadtverträglichen motorisierten Autoverkehr.

„Alternde Regionen sind nicht automatisch Problembereiche, Alter bedeutet nicht sozialen Rückzug."

Demografische Veränderungen erfordern die Umgestaltung der Städte, um Chancen zu erhalten auf Teilhabemöglichkeiten, Gerechtigkeit und Ausgleich, auf wirtschaftliche Entwicklung, Stabilität und wirtschaftliche Kreislaufprozesse sowie auf Ressourcen- und Klimaschutz sowie Energieeffizienz. Die Handlungskonzepte von Städten wie etwa Berlin verfolgen vermehrt das Ziel, die Bevölkerung zu halten, vor allem abwanderungsgefährdete Bevölkerungsgruppen wie junge Menschen oder (junge) Familien. Neben der Anpassung an die älter werdende Stadtbevölkerung stehen vor allem Verbesserungen in der Integrations- und Bildungspolitik im Vordergrund. (4)
Im Prinzip stehen die Chancen der notwendigerweise ortsspezifischen Handlungskonzepte zur Verwirklichung dieser Ziele gut, da die Entwicklungen in den Grundzügen voraussehbar und kalkulierbar sind – vorausgesetzt, Kommunen handeln frühzeitig und konsequent. Die Anforderungen an die politischen Steuerungs- und Entscheidungsprozesse, an die fachplanerische Vorbereitung und vor allem an die Mitwirkung der Wirtschaft und der zivilgesellschaftlichen Akteure sind hoch.

Realität deckt nicht den Bedarf

Alte, Kinder und Jugendliche sowie Familien sind Bevölkerungssegmente mit besonders ausgeprägten quantitativen und strukturellen Veränderungen, aus denen Konsequenzen für die von den Städten mitzugestaltenden Leistungsangeboten resultieren. Alte Menschen präferieren bis ins hohe Alter selbstständige Lebens- und Wohnformen. Daraus ergeben sich Anforderungen an Wohnung und Wohnumfeld hinsichtlich Größe, Ausstattung, Barrierefreiheit, Erreichbarkeit von Einkaufs- und Versorgungsgelegenheiten, aber auch bezüglich wohnungsbezogener Dienste wie „Essen auf Rädern" und Mobilitätsdienste.
Auch wenn diese Bedarfslagen seit Langem bekannt sind, haben die Kommunen die Präferenzen hinsichtlich der Wohnungsangebote, der Standortmuster, der Stadtstrukturen und der Mobilitätsangebote bislang nicht ausreichend realisiert. Gleichermaßen fehlen Angebote zum lebenslangen Lernen, altengeeignete Arbeits(zeit)modelle, zivilgesell-

schaftlich getragene Modelle zur Gewährleistung sozialer Kontakte, zur Betreuung und Pflege, für Mobilitätsdienste, zur Sinngestaltung des Lebens. Was Kinder und Jugendliche angeht, so sind diese in steigendem Ausmaß von Armut betroffen. Immer mehr Kinder und Jugendliche werden der elterlichen Obhut entzogen, der Prozentsatz derer, die keinen schul- und beruflichen Ausbildungsabschluss haben, steigt. Betreuungs- und Unterstützungsdefizite in Familien und im sozialen Umfeld müssen die Städte innerhalb ihrer Jugendhilfe und Kleinkinderbetreuung sowie in den Bildungsangeboten kompensieren. Zu den Aufgaben der Städte gehört aber auch, Quartiere kinder- und jugendgerechter zu gestalten und Schulen respektive Schulgrundstücke als Stadtteilzentren zu öffnen. Nur so lassen sich Integration und zukunftsfähige Arbeitskraftpotenziale sichern.
Familiengeeignet sind das städtische Wohnumfeld wie auch die Wohnungsangebote nur zum Teil, und dort, wo sie geeignet sind, können sich viele Familienhaushalte finanziell nicht leisten zu wohnen. Dies bedeutet, dass Städte und Gemeinden wieder eine stärkere Verantwortung für eine familienorientierte Bauland-, Wohnungs- und Wohnumfeldpolitik übernehmen müssen. Bindungen an Städte, die während der Kindheit und Jugend wachsen, prägen auch Wohnstandortpräferenzen im Alter. Sozial und fachlich qualifizierte junge Menschen sind die Voraussetzung für eine zukunftsfähige Entwicklung von Wirtschaft und Gesellschaft.

Handlungskonzepte einem Demografie-Check unterziehen

Die Behandlung demografischer Veränderungen in Städten setzt ein Fachsektoren übergreifendes integriertes Vorgehen voraus, in das Wirtschaft, Zivilgesellschaft und Einzelpersonen einzubinden sind. Vor allem sind Kurz-, Mittel- und Langfristperspektiven miteinander zu verbinden. Für alle zu behandelnden Leistungsbereiche wie Wohnen, soziale Infrastruktur, Verkehr, sonstige technische Infrastrukturen, Gesundheit oder Integration sind Betrachtungen über den gesamten Lebenszyklus unabdingbar. Nur dann können unterschiedliche Nachfragequantitäten und -strukturen infolge demografischer Veränderungen berücksichtigt werden.
Wesentliche Voraussetzungen für Leitkonzepte sind Problemkenntnisse, Problembewusstsein sowie kontinuierliche Kommunikationsprozesse. Zur Sicherung der Kontinuität, der Prozessqualität und der Durchsetzung der Handlungskonzepte sind Organisationsformen erforderlich, die dezernatsübergreifend sind und ihrer Bedeutung gemäß hochkarätig geführt werden, etwa durch den (Ober-)Bürgermeister. Handlungskonzepte wie Einzel-

maßnahmen sind einem Demografie-Check zu unterziehen, der die Anforderungen aus demografischen Veränderungen wie auch die Folgen für demografische Entwicklungen prüft, wie das die Stadt Münster tut. Unverzichtbare Grundlagen dafür sind qualifizierte Daten, Analysen und Vorausberechnungen. Auch ein Demografie-Monitoring und die Evaluation der Wirkungen von Handlungskonzepten sind unabdingbar.

Demografische Veränderungen sind nur zum Teil gestaltbar, da altersspezifische Fortpflanzungswahrscheinlichkeiten wie auch steigende Lebenserwartungen von Männern und Frauen langfristig stabilen Veränderungstrends unterliegen. Einfluss nehmen können Kommunen vor allem auf die Wanderungsvorgänge der verschiedenen Altersgruppen. Wichtig ist, Alters-, Haushalts- und Sozialgruppen, die zur Abwanderung aus der Stadt tendieren oder sich dazu gezwungen sehen, mithilfe von Angeboten und der Sicherstellung von Qualität dazu zu bewegen, in der Stadt zu bleiben. Demografische Veränderungen prägen auch in Zukunft die Städte. Die frühzeitige Auseinandersetzung mit ihnen eröffnet jedoch Chancen, die Städte für kommende Zeiten zu rüsten.

Anmerkungen

(1) Destatis (2009): Bevölkerung Deutschlands bis 2060. Ergebnisse der 12. koordinierten Bevölkerungsvorausberechnung. Wiesbaden.

(2) Kocka, Jürgen/Staudinger, Ursula M. (Hrsg.) (2009): Gewonnene Jahre – Empfehlungen der Akademiegruppe „Altern in Deutschland". In: Deutsche Akademie der Naturforscher Leopoldina (Hrsg.): Nova Acta Leopoldina. Nr. 371, Band 107. Halle/Saale.

(3) Frölich von Bodelschwingh, Franciska/Hollbach-Grömig, Beate/Reimann, Bettina: Demografischer Wandel – Kommunale Erfahrungen und Handlungsansätze. In: Difu-Impulse 5/2010.

(4) Senatsverwaltung für Stadtentwicklung Berlin (2009): Demografiekonzept für Berlin. Berlin.

Welches Fossil nehmen Sie mit ins „Postfossilozän"?

Ins Postfossilozän nehme ich insbesondere meine Wertschätzung für das städtische Leben und meine Bereitschaft zur Veränderung meines Mobilitätsverhaltens mit.

Zum Autor

Klaus J. Beckmann, geb. 1948, ist Stadt- und Verkehrsplaner und seit 2006 wiss. Direktor und Geschäftsführer des Deutschen Instituts für Urbanistik. Er ist Mitglied des Beirates für Raumordnung sowie des wiss. Beirates des Bundesministers für Verkehr, Bau und Stadtentwicklung.

Kontakt

Prof. Dr.-Ing. Klaus J. Beckmann
Deutsches Institut für Urbanistik gGmbH
Zimmerstraße 13-15, D-10969 Berlin
Fon ++49/(0)30/390 01 -214
E-Mail kj.beckmann@difu.de

Kommunen im Wandel

Engagement fürs Klima trotz finanzieller Fesseln

Von Jens Lattmann

Mit Blick auf den Klimawandel fördern Städte umweltfreundliche Verkehrsmittel, sanieren die Altbausubstanz und kümmern sich um eine regenerative Energieversorgung. Doch anstatt die Kommunen darin zu unterstützen, legen ihnen Bund und Länder Steine in den Weg.

Eine der Herausforderungen der Kommunalpolitik der kommenden Jahrzehnte ist der Klimaschutz. Da städtische Ballungsräume einen großen Teil des Treibhauseffekts und des damit verbundenen Klimawandels verursachen, wird gerade von den Städten erwartet, nachhaltige urbane Zukunftsmodelle zu entwickeln, welche die klimarelevanten Spurengase Kohlendioxid, Methan und Stickoxide verringern.

Die beim Deutschen Institut für Urbanistik angesiedelte und vom Bundesumweltministerium geförderte Servicestelle kommunaler Klimaschutz schreibt jährlich den Wettbewerb „Kommunaler Klimaschutz" aus. Weitere Wettbewerbe und viele kommunale Partnerschaften und Netzwerke zeigen, dass sich Städte seit Langem für den Klimaschutz einsetzen (vgl. S. 111 f.). Neben der Energieeinsparung und dem Einsatz erneuerbarer Energien stehen hierbei sowohl die energetische Gebäudesanierung als auch die Förderung umweltfreundlicher Verkehrsträger im Vordergrund. Zunehmend finden jedoch auch Klimaschutzkriterien in der kommunalen Bauleitplanung Berücksichtigung.

Der Deutsche Städtetag hat vor dem Hintergrund dieser Aktivitäten ein Positionspapier zum Klimaschutz erarbeitet, das sowohl Empfehlungen für lokale Aktivitäten zur Begrenzung des Klimawandels darlegt als auch Forderungen der Städte gegenüber Bund und Ländern formuliert. Das Positionspapier trifft dabei insbesondere Aussagen zu Energieerzeugung, Energieeinsparung und -effizienz, Entsorgungsinfrastruktur, Stadtentwicklung, Bauleitplanung, Wohnungswesen, Verkehr und Öffentlichkeitsarbeit. (1) Zuvor ist es aber sinnvoll, sich einen Überblick über die (finanzielle) Handlungsfähigkeit der Kommunen zu verschaffen.

Bund schafft an, Kommunen bezahlen

Die Handlungsfähigkeit von Kommunen hängt zwar nicht ausschließlich, aber zentral von ihrer finanziellen Ausstattung ab. Der kommunale Finanzierungssaldo, also die Differenz zwischen Einnahmen und Ausgaben, ist 2009 regelrecht abgestürzt. Auch im darauffolgenden Jahr haben sich die kommunalen Haushalte trotz einer volkswirtschaftlichen Erholung nicht stabilisiert. Nach derzeitigem Stand ist für 2010 im Gegenteil mit einem Defizit von etwa elf Milliarden Euro das bislang höchste Finanzierungsdefizit der Nachkriegsgeschichte zu erwarten.

Fragt man nach den Ursachen dieser Entwicklung, so stellen die - konjunkturell bedingt - wegbrechenden Einnahmen nur einen Teilgrund dar. Gravierender ist der parallele Ausgabenanstieg der Kommunen, insbesondere bei den Sozialausgaben. Diese sind 2009 erstmals auf über 40 Milliarden Euro gestiegen, wachsen derzeit Jahr für Jahr um weitere zwei Milliarden Euro und machen mittlerweile nahezu ein Viertel aller kommunalen Ausgaben aus. Von einer Umkehr dieses Trends kann auch bei einer Verfestigung der sich wieder positiver darstellenden wirtschaftlichen Situation nicht ausgegangen werden, im Gegenteil: Viele Leistungen wachsen unabhängig von der Konjunktur.

Um nicht missverstanden zu werden: Es geht mir nicht um einen Abbau dieser sozialen Leistungen, sondern es geht mir darum, dass derjenige, der diese Leistungen gesetzlich festlegt und sie - häufig aus guten Gründen - verbessert, also der Bund, sie auch verantwortet und für sie bezahlt. Es ist eben nicht sinnvoll, den Kommunen weiter gesamtstaatlich zu verantwortende Aufgaben wie die Betreuung von Arbeitslosen oder die Grundsicherung im Alter zur Wahrnehmung und zur Finanzierung zu übertragen, auf deren Entwicklung sie keinen Einfluss nehmen können und mit deren steigender Finanzierungslast die Einnahmeentwicklung der Kommunen weder mithält noch mithalten kann.

„Es ist nicht sinnvoll, den Kommunen weiter gesamtstaatlich zu verantwortende Aufgaben zu übertragen, auf deren Entwicklung sie keinen Einfluss nehmen können und mit deren steigender Finanzierungslast ihre Einnahmenentwicklung nicht mithalten kann.“

Es mangelt sowohl an einer genauen Analyse, welche Aufgaben sinnvoll von den Kommunen erledigt werden können, als auch an der Bereitschaft, die erforderlichen Instrumente und Finanzmittel mit zu übertragen. Insofern ist es dringend geboten, dass im Rahmen der am 24.02.2010 durch das Bundeskabinett zur Neuordnung der Gemeindefinanzierung eingesetzten Gemeindefinanzkommission zumindest ein erster Schritt zur Ausgabenentlastung der Kommunen unternommen wird. Ohne diese Entlastung wird es für zunehmend mehr Kommunen keine finanziellen Möglichkeiten geben, sich weiter konsequent für Klimaschutzmaßnahmen zu engagieren.

Auf kommunale Energieversorgung setzen

Nachdem sich viele Städte in der Vergangenheit – zum Teil aus finanziellen Gründen, zum Teil wegen der als negativ eingeschätzten Auswirkungen der Energiemarktliberalisierung durch die EU – durch (Teil-)Veräußerung ihrer Stadtwerke aus dem Energiesektor zurückgezogen haben, setzt seit einigen Jahren ein Umdenken ein. So werden Stadtwerke neu gegründet, zahlreiche Städte nutzen die Situation der derzeit flächendeckend auslaufenden Konzessionsverträge für die Verteilnetze dazu, den Netzbetrieb in eigene Hände zu nehmen, und viele Stadtwerke planen den Bau neuer Energieerzeugungsanlagen. Der Kauf der Energieunternehmen Thüga und STEAG durch jeweils eine Gruppe von Stadtwerken sind weitere Beispiele dieses zunehmenden kommunalen Engagements.
Dieses Umdenken ist vor allem vor dem Hintergrund zu verstehen, dass in den Kommunen – sollen die gesteckten Klimaschutzziele einer Minderung der Treibhausgasemissionen bis 2050 um 80 bis 95 Prozent erreicht werden – der Anteil erneuerbarer Energien am Bruttoendenergieverbrauch erheblich gesteigert werden muss. Will eine

Kommune diesen Umbau der Energieerzeugung fördern, geht dies nur, wenn Stadtentwicklung, Bauleitplanung, Energienetzinfrastruktur sowie Planung und Bau von Erzeugungsanlagen miteinander verzahnt werden. Dazu braucht man als Stadt im Energiebereich eigene Handlungsinstrumente, also eigene Unternehmen, die auch Konzessionäre des lokalen oder regionalen Versorgungsnetzes sind. Möglich wird dieser Wandel auch, weil die Energieerzeugung aus regenerativen Quellen in erster Linie dezentral ist und damit kommunal und regional verantwortbar.
Problematisch sind allerdings die mit dem Energiekonzept der Bundesregierung verbundenen Rahmenbedingungen für dieses Engagement. Die im Konzept enthaltenen Laufzeitverlängerungen für Kernkraftwerke verschlechtern die Investitionsbedingungen für die dezentralen Energieerzeugungsanlagen erheblich. Wird dieser Nachteil nicht beseitigt, etwa durch die Stilllegung von alten Kohlekraftwerken oder durch finanzielle Ausgleichsmaßnahmen, werden über die bisher in Bau oder Planung befindlichen kommunalen Investitionen hinaus kaum weitere Investitionen erfolgen. Hier tut schnelle Abhilfe not. Das neue kommunale Engagement im Energiebereich, einem Feld, das dem europaweiten Wettbewerb unterliegt, hat im Übrigen eine finanzielle und organisatorische Dimension, die zu interkommunaler respektive regionaler Zusammenarbeit zwingt. Über diesen Weg entstehen daher mittlerweile Kooperationen, die vor einigen Jahren noch undenkbar erschienen, so etwa zwischen den Energieversorgern im Raum Mönchengladbach und Viersen oder in Niedersachsen zwischen Hameln und Springe.

Gebäude sanieren und nachhaltig siedeln

Ein Schwerpunkt der kommunalen Aktivitäten ist die Reduzierung des Energieverbrauchs. Viele Städte haben in den vergangenen Jahren erfolgreich ein Energiemanagement installiert, das sich zum Ziel gesetzt hat, Wärme-, Strom- und Wasserressourcen schonend einzusetzen. Neben den Klimaschutzzielen trägt das Energiemanagement auch dazu bei, die Qualität einer Verwaltung darzustellen. Kommunale Liegenschaften haben für viele Bürger(innen) eine nicht zu unterschätzende Vorbildfunktion. Deshalb ist die energetische Modernisierung von vorhandener Altbausubstanz nicht nur für die Werterhaltung des kommunalen Vermögens und für die Beschäftigungssicherung des örtlichen Handwerks, sondern auch für die Motivation der Bürger(innen) in unseren Städten sinnvoll.
Aber auch in diesem Bereich geht nichts ohne finanzielle Unterstützung des Bundes und der Länder. Die Förderung durch das CO_2-Gebäudesanierungsprogramm und durch das

Konjunkturpaket II darf nicht abreißen, denn ohne eine Fortsetzung dieser Förderung wird sich das Ziel des Standards „Null Emission" für alle Gebäude bis 2050 nicht erreichen lassen. Hier wird viel davon abhängen, dass der im Energiekonzept der Bundesregierung enthaltene Energieeffizienzfonds auch tatsächlich so ausgestaltet wird, dass er verlässliche Rahmenbedingungen liefert.

Klimaschutz ist als wesentlicher Aspekt einer nachhaltigen Entwicklung bereits seit Langem eine Daueraufgabe der Stadtentwicklungsplanung. Die Siedlungsentwicklung wird nach wie vor maßgeblich von einem anhaltenden Suburbanisierungsprozess bei Wohnen, Gewerbe, Handel und Freizeiteinrichtungen geprägt. Dies führt im Umland von Kernstädten zu hohen Siedlungsflächenzuwächsen sowie zu einem erheblichen Anstieg des Verkehrsaufkommens und der räumlichen Ausweitung des motorisierten Individual- und Wirtschaftsverkehrs.

Einen wesentlichen Beitrag zur CO_2-Reduzierung leistet dagegen eine nachhaltige Siedlungsstruktur, die – ohne Mobilität zu erschweren – zur Vermeidung von Verkehrsemissionen beiträgt, die Frischluftschneisen freihält und deren Freiflächen und Reduzierung der Bodenversiegelung unverzichtbare Ausgleichsfunktionen erfüllen.

Vor diesem Hintergrund sind kompakte Stadtstrukturen, kurze Wege, Funktionsmischung, Verkehrs- und Mobilitätsmanagement, ein effizienter, energiesparender öffentlicher Nachverkehr, großzügige Freiflächen und insbesondere wohnortnahes Grün wichtige Voraussetzungen für die Bewältigung der Auswirkungen des Klimawandels.

Verkehr vermeiden, verringern und verlagern

Der Verkehr trägt zwar mit „nur" rund zwölf Prozent zum Entstehen des klimaschädlichen Treibhausgases CO_2 bei, ist aber aufgrund seiner hohen Zuwachsraten sowie weiterer negativer Folgen für Mensch und Umwelt in Form von Lärmbelastung oder Flächenverbrauch ein zentrales Handlungsfeld für erfolgreiche Klimaschutzkonzepte (vgl. S. 103 ff.). Handlungsmaxime aller verkehrlichen Maßnahmen zum Klimaschutz muss die Trias aus Vermeidung, Verringerung und Verlagerung sein. Diese Forderung hat zum Ziel, die Mobilitätsbedürfnisse von Wirtschaft und Gesellschaft nach Möglichkeit mit weniger Verkehr respektive durch effizienteren Ressourceneinsatz zu befriedigen und den verbleibenden notwendigen „Rest-Verkehr" so umweltfreundlich wie möglich zu gestalten.

Viele Städte machen bereits von ihrer Planungshoheit im Sinne einer verkehrssparenden Wirtschafts- und Entwicklungspolitik Gebrauch. Dazu gehören der Vorrang der Innen-

vor der Außenentwicklung ebenso wie eine verstärkte Integration von Verkehrs- und Siedlungsplanung, eine weitere Verbesserung des Öffentlichen Personennahverkehrs (ÖPNV) und der Radverkehrsförderung. Maßnahmen zur Bewirtschaftung öffentlicher Stellplätze sollten konsequent ergriffen und Aktivitäten von Wirtschaft und Verwaltung zum betrieblichen Mobilitätsmanagement unterstützt werden.

Auch wenn man angesichts der Intensität der öffentlichen Diskussion manchmal den Eindruck hat, dass die Lösung aller Verkehrsprobleme im forcierten Ausbau der E-Mobilität liegt: Entscheidend für die Mobilität in Ballungsräumen werden die Garantie und der Ausbau eines leistungsfähigen ÖPNV sein. Unabhängig von den aktuellen Debatten um die Wintertauglichkeit der Deutschen Bahn oder den Zustand der S-Bahn in Berlin sind die finanziellen Grundlagen des ÖPNV in Deutschland so gefährdet wie nie. Nach einem Gutachten des Verbandes deutscher Verkehrsunternehmen, des Deutschen Städtetages und von 13 Bundesländern fehlen allein für turnusmäßige Reinvestitionen in Fahrwege und Bahnhöfe der U-, Stadt- und Straßenbahn jährlich rund 330 Millionen Euro, die jedes Jahr zum bisher schon aufgelaufenen Investitionsstau von 2,4 Milliarden Euro hinzukommen. Darüber hinaus ist die ÖPNV-Verordnung der Europäischen Union vom 3.12.2007 immer noch nicht in nationales Recht umgesetzt, weshalb den Kommunen ein wichtiger Handlungsrahmen für die Organisation des Verkehrs fehlt.

Bessere Bürgerbeteiligung tut not

Für die Umsetzung von Zielen und Maßnahmen eines effektiven Klimaschutzes sind eine Änderung des menschlichen Verhaltens und die Motivation der Bürger(innen) zum Einsatz von klimaschonenden Techniken von zentraler Bedeutung. Das geht nicht ohne verstärkte Öffentlichkeits- und Bildungsarbeit.

Notwendig ist aber auch, die Bürgerbeteiligung in Planungs- und Genehmigungsverfahren neu zu justieren. Viele öffentliche Investitionen in Klimaschutzmaßnahmen werden von unmittelbar Betroffenen als belastend empfunden, daher bedürfen die entsprechenden Planungs- und Bauprozesse einer intensiven öffentlichen Beteiligung. Obwohl das Planungsrecht eine formelle Beteiligung von betroffenen Bürger(inne)n und von Verbänden vorsieht, führt dieser Weg offenbar zunehmend zu Unzufriedenheit. Das mag daran liegen, dass Planungsprozesse mittlerweile eine Zeitdauer erreicht haben, bei der Planungsbeginn und formelle Öffentlichkeitsbeteiligung auf der einen und konkreter Baubeginn auf der anderen Seite zu weit auseinander liegen, um noch als konsistentes

Verfahren empfunden zu werden. Ein anderer Grund mag sein, dass viele Bürger(innen) den Eindruck haben, zum Zeitpunkt ihrer formellen Beteiligung seien die wesentlichen Entscheidungen schon gefallen und ihre Einwendungen könnten nichts mehr bewirken. Es wird also für die Zukunft darauf ankommen, einerseits Bürger(innen) frühzeitig und umfassend zu informieren und die Verfahrensweisen, Grundlagen, Ziele und Wirkungen von Entscheidungen offenzulegen und andererseits die Planungsprozesse erheblich zu beschleunigen.

Als Fazit bleibt, dass die Kommunen sich schon lange für den Klimaschutz einsetzen, ihr Engagement in letzter Zeit verstärkt haben und weiter verstärken wollen. Ohne deutliche Entlastung bei den Ausgaben wird dies jedoch für zunehmend mehr Kommunen immer schwieriger.

Anmerkung

(1) Vgl. www.staedtetag.de/10/presseecke/dst_beschluesse/artikel/2008/04/22/00223

Welches Fossil nehmen Sie mit ins „Postfossilozän"?

Als Ergänzung zu Fahrrad, Monatskarte und Bahncard: Meinen R 107 (ein 25 Jahre altes Cabrio, aber schon Euro2), in der Hoffnung, dass Fahrzeuge mit Otto-Motor überhaupt noch – und sei es mit Sondergenehmigung – bewegt werden dürfen.

Zum Autor

Jens Lattmann, geb. 1954, ist Jurist und arbeitet seit 2000 als Beigeordneter des Deutschen Städtetages in den Bereichen Umwelt, Wirtschaft und Katastrophenschutz. Davor vertrat er Hamburg im Finanzausschuss des Bundesrates und war zuständig für die Vorbereitung und Beratung des Ersten Bürgermeisters als Vorsitzendem des Vermittlungsausschusses.

Kontakt

Jens Lattmann
Deutscher Städtetag
Dezernat für Umwelt und Wirtschaft,
Brand- und Katastrophenschutz
Straße des 17. Juni 112, D-10623 Berlin
Fon ++49/(0)30/377 11 -0
E-Mail jens.lattmann@staedtetag.de

Stadtumbau und Gentrifizierung

Ein ökosoziales Paradoxon

Von Andrej Holm

Sie ist längst kein Sonderfall der Stadtentwicklung mehr, sondern urbaner Mainstream: Die Aufwertung ganzer Viertel führt zum Austausch der Bewohnerschaft und verändert den Charakter der Nachbarschaft. Vor allem ökologische Argumente müssen für einen Stadtumbau herhalten, der soziale Ungleichheiten verschärft.

Der Begriff der Gentrifizierung hat sich von den Niederungen der akademischen Fachdiskurse in die Überschriften des journalistischen Feuilletons emporgearbeitet. Ob steigende Mieten in den Innenstädten, die polizeiliche Räumung eines Hausprojekts oder die Nachnutzungspläne von Industriebrachen und innerstädtischen Flugfeldern – Gentrifizierung hat sich zu einer Universalmetapher entwickelt, mit der sehr verschiedene Veränderungen in den Städten beschrieben werden. Dabei täuscht der inflationäre Gebrauch zum Teil über die begriffliche Schärfe des Forschungsfeldes hinweg. Denn Gentrifizierung meint im engeren Verständnis keineswegs jede Veränderung oder Aufwertung in städtischen Nachbarschaften, sondern explizit die durch immobilienwirtschaftliche oder politische Aufwertungsprogramme bewirkte Verdrängung ärmerer Haushalte aus den Stadtvierteln. Verdrängung ist dabei kein zufälliger und ungewollter Nebeneffekt der Gentrifizierung, sondern deren Kern. Insbesondere die ökonomischen Analysen von kritischen Geograf(inn)en haben herausgestellt, dass sich Gentrifizierung als Schließung von immobilienwirtschaftlichen Ertragslücken interpretieren lässt. Je größer die Differenz zwischen momentan kapitalisierter Grundrente und den potentiell erzielbaren Erträgen eines Grundstücks, desto höher der Investitionsanreiz. Der Erfolg solcher Verwertungsstrategien setzt regelmäßig den Austausch der Bewohnerschaft voraus.

Die Verdrängungseffekte markieren die sozialen Kosten der städtischen Neustrukturierung auf individueller, gesamtstädtischer und wohnungspolitischer Ebene: indem sich bestehende Nachbarschaftsstrukturen auflösen, Segregationstendenzen verstärken und preiswerte Wohnungsangebote verringern. Gerade weil der Begriff der Gentrifizierung die Schattenseiten des städtischen Wandels beleuchtet und auch die Profiteure benennt, gilt er Stadtplanern, Investorinnen und Politikern oftmals als Kampfbegriff. Umgekehrt setzen diese rhetorisch auf relativierende und romantisierende Beschreibungen wie „Reurbanisierung", „Revitalisierung" oder auch die „Rettung der alten Stadt". Gerade die Reurbanisierungsdebatte, die in der Verlagerung von Arbeitsplätzen und Bewohner(inne)n in die Innenstädte eine Umkehr der Suburbanisierung zu erkennen vorgibt, bettet die innerstädtischen Aufwertungen in eine ökologische Nachhaltigkeitsdebatte ein. Insbesondere das Ende der Zersiedelung, das verminderte Verkehrsaufkommen in der „Stadt der kurzen Wege" und der Übergang zu einer schadstofffreien Wissensökonomie werden als umweltschonende und zukunftsweisende Stadtentwicklungsperspektiven angesehen. (1) Diese Perspektiven blenden nicht nur die globalen Bedingungen einer ungleichen Raumentwicklung und die klassenspezifischen Kosten einer ökologischen Nachhaltigkeit aus, sondern auch den instrumentellen Charakter ökologischer Argumente für den städtischen Umbau selbst.

„Super-Gentrifizierung" in London und New York

Es war die britische Geografin Ruth Glass, die in den 1960er-Jahren den Begriff der Gentrifizierung erstmals benutzte. Ihre im Londoner Stadtteil Islington beobachteten Veränderungen fasste sie wie folgt zusammen: „Große Häuser im victorianischen Stil, heruntergewirtschaftet in früheren Perioden - die als Lagerhäuser oder in anderer Form genutzt wurden - wurden eine weiteres Mal aufgewertet. Sobald dieser Prozess der 'Gentrifizierung' in einem Gebiet beginnt, setzt er sich unaufhörlich fort, bis alle oder die meisten der bisherigen Arbeiterklasse-Bewohner vertrieben sind und sich der gesamte soziale Charakter des Viertels ändert." (2)

Die ökonomische und bauliche Aufwertung heruntergewirtschafteter Häuser und ein durch Bevölkerungsaustausch ausgelöster Wandel des sozialen Charakters der Nachbarschaft gelten bis heute als zentrale Definitionsmerkmale von Gentrifizierungsprozessen. Verändert hat sich jedoch die Relevanz solcher Entwicklungen. Galt die Gentrifizierung noch bis weit in die 1980er-Jahre hinein als Sonderfall der Stadtentwicklung, erfasst sie heute weite Bereiche der Innenstädte. Gentrifizierung bleibt nicht auf singuläre Inseln der Aufwertung beschränkt, sondern muss als Teil und Ausdruck eines neuen städtischen Mainstreams gesehen werden.

Diese Ausweitung der Gentrifizierung ist kein Wunder, hoben doch die Erklärungsversuche seit Beginn der Forschungsdebatten auf immobilienwirtschaftliche Inwertsetzungszyklen und veränderte Nachfragestrukturen ab. In beiden Erklärungsdimensionen lässt sich im Vergleich zu den 1980er-Jahren eine deutliche Verstärkung der Faktoren feststellen, die die Aufwertung begünstigen.

Die von der Angebotsseite aus argumentierenden Erklärungsansätze begründen konkrete Investitionsentscheidungen mit den sogenannten Ertragslückentheorien. Dabei betrachten sie die ökonomischen Rationalitäten einzelner Eigentümer(innen) und erheben insbesondere das Vorhandensein von jahrelang heruntergewirtschafteten Desinvestitionsgebieten zur Voraussetzung von Gentrifizierungsprozessen. Neuere Studien - insbesondere in Städten, die funktional stark in die internationalen Wirtschaftskreisläufe eingebunden sind - zeigen, dass solche Ertragslücken nicht nur in bisher unterbewerteten Quartieren bestehen, sondern sich auch auf der Basis einer extrem überdurchschnittlichen Zahlungsbereitschaft vermögender Globalisierungsgewinner(innen) bilden können. In New York und London beispielsweise lassen sich Phänomene der „Super-Gentrifizierung" beobachten, bei der bereits aufgewertete Nachbarschaften durch eine neue Generation der Banker, Broker und Managerinnen einer „intensivierten Re-Gentrifizierung" unterworfen wurden. (3)

Was die ökonomischen Triebfedern der Gentrifizierung verstärkt

Neben den Ertragslückenansätzen hat insbesondere der Sozialtheoretiker David Harvey auf die der Akkumulationslogik innewohnenden Verlagerungen von Kapital aus dem ersten Kapitalkreislauf der Waren- und Güterproduktion in den zweiten Kapitalkreislauf der langfristigen Investitionen in Infrastrukturen und Immobilien verwiesen. Insbesondere die fallenden Profitraten im Gefolge von Überproduktionskrisen setzen - so seine Überlegung - regelmäßig Kapitalmittel aus dem Bereich der Industrieproduktion frei.

Die sich von der realwirtschaftlichen Wertschöpfung entkoppelnden Finanzmärkte sind ein Ausdruck dieser Perspektive und stellen ein scheinbar unerschöpfliches Investitionsreservoir für die Immobilienwirtschaft dar. (4) Selbst – oder vielmehr gerade – in Zeiten der Finanzkrise bewährten sich Investitionen ins angebliche „Beton-Gold" des Immobilienmarktes gegenüber unsicheren Geldanlagen in Fonds und Aktienmärkten. Die ständige Verfügbarkeit von anlagesuchendem Kapital hat in vielen Städten zu einem regelrechten Immobilienboom geführt. Stadtentwicklung wird vielerorts unter der Prämisse „höher, teurer, dichter" betrieben.
Sowohl die mikroökonomischen Argumente der Ertragslückentheorie als auch die makroökonomischen Überlegungen zur Finanzialisierung der Ökonomie verstärken die ökonomischen Triebfedern von Gentrifizierungsdynamiken.

„Die Verdrängungseffekte markieren die sozialen Kosten der städtischen Neustrukturierung auf individueller, gesamtstädtischer und wohnungspolitischer Ebene."

Die an der Nachfrage orientierten Erklärungsansätze der Gentrifizierungsforschung führen die Aufwertung der Innenstädte auf veränderte Lebensstile und Wohnpräferenzen infolge des demografischen Wandels, des Übergangs zur Dienstleistungsökonomie und einer neuen geschlechtlichen Arbeitsteilung in den Familien zurück. Noch Ende der 1980er-Jahre wurden Singlehaushalte, Doppelverdienerpaare mit und ohne Kinder sowie Wohngemeinschaften als neue Haushaltstypen deklariert. Dabei wurde ihre Abweichung von den traditionellen und üblichen Kleinfamilienhaushalten hervorgehoben.
Ein Blick auf die Haushaltsstrukturen und andere demografische Daten zeigt, dass sich die damals außergewöhnlichen und bemerkenswerten Lebensformen längst zum Standard des städtischen Wohnens entwickelt haben. Mit deutlich über 50 Prozent sind Einpersonenhaushalte zur dominanten Haushaltsform geworden. Heirats-, Scheidungs- und

Geburtenzahlen zeigen, das klassische Familienmodell ist in die Krise geraten und auch der Anteil von erwerbstätigen Frauen ist kontinuierlich gestiegen. Kein Wunder also, dass auch die Nachfrage nach innerstädtischen Wohngelegenheiten kontinuierlich gewachsen ist.

Das zweite Nachfrageargument für die verstärkte Innenstadtorientierung verweist auf die veränderten Arbeitsbeziehungen in städtischen Ökonomien. Der Übergang von der Industrie- zur Dienstleistungsökonomie hat sich vielerorts durchgesetzt, und aktuelle Trends werden unter Stichworten wie Wissensökonomie und Kreativwirtschaft diskutiert. Dieser Wandel der Arbeitswelt wirkt sich als eine funktionale Neuordnung der Städte aus. Die Zentren haben sich wieder verstärkt zu Arbeitsorten entwickelt. Dienstleistungsbüros verschiedener Branchen, Standorte der Kultur-, Mode- und Medienproduktion bis zu den Arbeitsplätzen kleinerer und größerer Unternehmen im Bereich der neuen Technologien sind auf innerstädtische Standorte angewiesen, weil die zunehmend flexiblen Arbeitszeiten und kommunikationsbasierten Kooperationsformen nur schwerlich mit langen Arbeitswegen und einer dezentralen Standortstruktur zu bewältigen wären. Auch der wachsende Anteil von selbstständigen Akademiker(inne)n ist für die Kontinuität ihrer zunehmend projekt- und episodenhaften Arbeitsverhältnisse auf innerstädtische Agglomerationseffekte sozialer und ökonomischer Netzwerke angewiesen.

Bioläden und Pilatesstudios dominieren Aufwertungsgebiete

Doch nicht nur die sogenannte kreative Klasse drängt in die Innenstädte - auch das gesamte Servicepersonal im Bereich von Freizeitangeboten, Restaurants und haushaltsbezogenen Dienstleistungen ist mit seinen ebenfalls hochgradig flexiblen Arbeitsbedingungen auf Innenstadtlagen zurückgeworfen. Während sich in den Innenstädten zur Aufrechterhaltung der neuen städtischen Wissensökonomie eine regelrechte Schattenwirtschaft prekärer Servicedienstleistungen etabliert, bleiben die dort oft im Niedriglohnsektor beschäftigten Putzfrauen, Kindermädchen und Pizzabäcker von den aufgewerteten Wohnstandorten weitgehend ausgeschlossen.

Die Konkurrenz der verschiedenen Segmente der städtischen Dienstleistungsökonomie um die innerstädtischen Standortvorteile deutet auf eine klassenspezifische Polarisierung der räumlichen Aneignungsmuster im Kontext von Gentrifizierungsprozessen hin. Diese bleibt nicht nur auf den Zugang zu Arbeitsorten und Wohnungen beschränkt, sondern durchdringt die Gesamtheit der Nachbarschaftsbeziehungen.

Unter Stichworten wie „Latte-Macchiato-Familien" oder „Bionade-Biedermeier" verhandeln die überregionalen Feuilletons die hegemonialen Lebensstile der gentrifizierten Gebiete. Bilder von Bioläden und Pilatesstudios gehören zum Standard einer jeden Filmreportage über den Wandel in den Innenstädten. Diese Klischees bringen die neuen Lebensstile und Konsumpraktiken in den Innenstadtquartieren zum Ausdruck. Soziologische Studien sprechen in diesem Zusammenhang von den sogenannten Lohas, also Personen mit einem Lifestyle of Health and Sustainability (vgl. S. 79 ff.). Bewusste Ernährung, biologische Baustoffe und gesundheitsfördernde Freizeitaktivitäten gehören für diese Gruppe zu den Fixpunkten der Alltagsgestaltung. Diese zunächst individuellen Lebensstilentscheidungen entfalten ein hohes Maß an Raumwirksamkeit. In den Aufwertungsgebieten richten sich große Teile der Infrastruktur und des Einzelhandels in Sortiment und Preisen an den neuen Nachfragestrukturen aus.

Die Dominanz der Bio- und Spezialitätenläden in den Aufwertungsgebieten ist aber nicht nur ein Effekt veränderter Bevölkerungszusammensetzungen, sondern fungiert selbst als Faktor der Verdrängung, hier von traditionellen Angebotsstrukturen. Insbesondere das Verschwinden inhabergeführter kleiner Läden mit preiswertem Sortiment und traditionellem Handwerksservice nehmen viele Altbewohner(innen) als Verlust an Authentizität der Nachbarschaften wahr. Darüber hinaus müssen insbesondere ökonomisch benachteiligte Haushalte die Veränderung der Gewerbestruktur mit weiteren Einkaufswegen kompensieren. Auch der soziale Druck in Kindereinrichtungen und Schulen, biologische Ernährungs- und hochwertige Freizeitangebote zum Standard zu erheben, kann für ärmere Familien den finanziellen Druck erhöhen und einen Verbleib in der Nachbarschaft in Frage stellen.

Die ökologische Gentrifizierung

Eine Studie aus Seattle verweist auf einen weiteren Aspekt des nachhaltigen Stadtumbaus. In öffentlichen Planungsprozessen wurden stadtweit Anwohner(innen) eingeladen, sich an der Planung der Freiflächen und Parkanlagen zu beteiligen und eine ökologisch nachhaltige Stadt mit einer grünen Infrastruktur erschaffen. (5) Dieser gesamtstädtisch sinnvolle Planungsansatz stellte jedoch die momentane Nutzung von Grünflächen als dauerhafte Residenzorte von wohnungslosen Menschen in Frage. Obdachlose wurden in den Beteiligungsrunden ausschließlich als Gefahr für die Sicherheit der sich Freiraum aneignenden Anwohner(innen) diskutiert, ihre aktuellen Wohnplätze in den Planungen

„Die Orientierung an der ökologischen Nachhaltigkeit im Kontext städtischer Umbaumaßnahmen ist nicht neutral, sondern wird soziale Ungleichheiten in der Stadt verstärken."

durch ökologische Funktionen ersetzt. Die kritische Planerin Sarah Dooling nennt diese Planungskonstellation „Ecological Gentrification", weil die ökologisch motivierte Grün- und Freiflächenplanung Verdrängungsprozesse auslöst und den Ausschluss der ökonomisch am stärksten benachteiligten Gruppen aus der Innenstadt verstärkt.

Anderes Beispiel, ähnliche Konstellation: In Mailand griff man für die Legitimation einer immobilienwirtschaftlichen Inwertsetzung einer nachbarschaftlich genutzten Industriebrache auf ökologische Argumente zurück. In der sozial gemischten Nachbarschaft des Viertels Isola besetzten Anwohner, Künstlerinnen und Aktivisten 2001 eine seit Jahrzehnten leer stehende Industrieanlage und nutzten sie als Parkanlage und Ausstellungsstätte. Die Stadtverwaltung entwickelte parallel zu diesen nachbarschaftlichen Aneignungsprozessen Bebauungspläne für das Gelände. Am Ort der selbstorganisierten Nachbarschaftskultur sollte ein als Ökoquartier gelabelter Wohn- und Gewerbekomplex eines texanischen Baukonzerns entstehen. Im Jahr 2007 veranlasste die Stadt die polizeiliche Räumung des Geländes. Die ökologische Nachhaltigkeit des Bauprojektes war dabei nicht nur Instrument der Legitimation, sondern lässt sich als direkter Modus der Inwertsetzung beschreiben. (6) Vergleichbar ist das Mailänder Beispiel einer ökologischen Ertragslückenschließung mit den in Deutschland mittlerweile gesetzlich vorgeschriebenen energetischen Sanierungsauflagen, die insbesondere in Altbauvierteln als neu eröffnete Modernisierungsspielräume zu massiven Mietsteigerungen führen werden.

Die Orientierung an der ökologischen Nachhaltigkeit im Kontext städtischer Umbaumaßnahmen ist nicht neutral, sondern wird – solange sie in der kapitalistischen Logik des Immobilienmarkts eingebettet bleibt – soziale Ungleichheiten in der Stadt verstärken. Ob Konsumorientierungen, Freiflächenplanung oder Bauprojekte: Die zukunftsorientierte Erneuerung der Stadt und ihrer Lebensweisen wirft vor allem soziale Fragen auf.

Anmerkungen

(1) Altrock, Uwe/Bertram, Grischa (2009): Renaissance der Stadt. Durch eine veränderte Mobilität zu mehr Lebensqualität im städtischen Raum. Bonn.

(2) Glass, Ruth (1964): Introduction: Aspects of Change. In: Centre for Urban Studies (Hrsg.): Aspects of Change. London, S. xviii-xix.

(3) Lees, Loretta (2003): Super-Gentrifizierung: The Case of Brooklyn Heights, New York. In: Urban Studies Nr. 40/12, S. 2487-2509.

(4) Harvey, David (1982): The Limits to Capital. Oxford.

(5) Dooling, Sarah (2009): Ecological Gentrifizierung: A Research Agenda Exploring Justice in the City. In: International Journal of Urban and Regional Research Nr. 33.3, S. 621-639.

(6) Ferreri, Mara/Pesavento, Albert/Theis, Bert (2009): Isola. Arts and Communities against Eco-Gentrifizierung in Milan, Italy. In: Begg, Zanny/De Souza, Keg (Hrsg.): "There Goes The Neighbourhood" – Redfern and the Politics of Urban Space. Sydney, S. 86-87.

Welches Fossil nehmen Sie mit ins „Postfossilozän"?

Artefakte der Industriegesellschaft wie den Sozialstaat und die Orientierung an einem Gleichheitsanspruch würde ich gerne auch in die neue Zeit hinüberretten.

Zum Autor

Andrej Holm, geb. 1970, ist Sozialwissenschaftler und vertritt die Stadtforschung an der Carl von Ossietzky Universität Oldenburg. Seine Forschungsschwerpunkte sind Gentrifizierung, Wohnungspolitik und die Neuordnung des Städtischen im Neoliberalismus.

Kontakt

Dr. Andrej Holm
Institut für Sozialwissenschaften, Stadtforschung
Carl von Ossietzky Universität Oldenburg
Ammerländer Heerstraße 114-118
D-26129 Oldenburg
Fon ++49/(0)441/798 -5368
E-Mail andrej.holm@uni-oldenburg.de

GRUNDRISSE

Der verantwortungsvolle Citoyen weiß: Die Konsumparty ist vorbei, deshalb wirft er Wohlstandsballast ab. Die Kreativen der Städte kombinieren Trendiges mit Ökologischem, die „neuen Alten" gehen demonstrieren, und quer durch alle Schichten versammeln sich begeisterte Hobbygärtner in Gemeinschaftsgärten zum kollektiven Gemüseanbau. – Auf welcher Philosophie basieren Transition Towns? Können Gewerbegebiete nachhaltig sein? Gefährdet die Post-Oil City die Fülle von Lebensstilen?

Stadt und Postwachstumsökonomie

Suffizienz plus Subsistenz ergibt ökonomische Souveränität

Von Björn Paech und Niko Paech

Der überbordende Konsumwohlstand ist einsturzgefährdet und unserem Wohlbefinden zunehmend abträglich. Suffizienz und urbane Selbstversorgung hingegen verringern die Abhängigkeit von Geld, Ressourcen und Wachstum. Dabei gewinnt die Kommune als bürgernahe Gestaltungsebene an Bedeutung.

Der Nachhaltigkeitsdiskurs durchlebt seinen bis dato gravierendsten Perspektivwechsel. Speiste er sich bislang aus dem eher ökologischen Imperativ, die Welt zu retten oder wenigstens kommenden Generationen einen bewohnbaren Planeten zu hinterlassen, steht mittlerweile ökonomischer Selbstschutz im Fokus. Das als „Peak Oil" bezeichnete Phänomen weitet sich längst zum „Peak Everything" aus. (1) Die schnell wachsende Kluft zwischen Ressourcennachfrage und -angebot beschwört ökonomische Eskalationen von bisher nicht gekannter Qualität herauf. Ausgerechnet eine von der Bundeswehr vorgelegte Peak-Oil-Studie sorgte jüngst für Furore. (2) Von „ökonomischen Tipping Points" und „Kettenreaktionen", die das Weltwirtschaftssystem destabilisieren, ist darin zu lesen. Mittelfristig breche das globale Wirtschaftssystem und jede marktwirtschaftlich organisierte Volkswirtschaft zusammen. Eine Umstellung der Energieversorgung sei nicht in allen Weltregionen möglich. Angesichts seines Globalisierungsgrades resultiere daraus für Deutschland auch unabhängig von der eigenen Energiepolitik ein hohes Risiko.

Dieser Hinweis bringt die wacklige Architektur den Globus umspannender Wertschöpfungsketten zum Vorschein. An deren Ende baumeln die materialisierten Symbole eines mittlerweile zu schwindelerregender Höhe aufgetürmten Wohlstandes. Die komplexe und räumlich diffuse Versorgungsmatrix lässt sich schon allein dadurch zum Einsturz bringen, dass ihr an entscheidender Stelle der Saft abgedreht wird. Öl ist eben noch schwerer zu substituieren als Heroin. Und ein Energie-Methadon ist nicht in Sicht. Was nützte es, wenn in Deutschland die letzten verfügbaren Flächen mit Anlagen zur Erzeugung regenerativer Energie vollgestopft würden (was absehbar ist), um fossile und atomare Anlagen stillzulegen (was leider nicht absehbar ist), es jedoch gerade die energieintensiven Bestandteile der benötigen Produktion sind, die sowieso längst nach China oder Indien verschoben wurden und obendrein für manche Konsum- und erst recht Mobilitätsmodi keine erneuerbaren Energiesubstitute realisierbar sind? Globalisierung in einem geografischen Wortsinne beschränkt sich nicht auf die Import- und Exportverflechtungen der produzierenden Wirtschaft, sondern hat sich längst als Daseinsform etabliert. Nie war der berufliche und private Alltag von derart globaler Mobilität geprägt. Nie war das Bildungssystem – dank der durch den Bologna-Prozess mit der Brechstange vorangetriebenen Internationalisierung des Studiums – so kerosinträchtig.

Moderner Drahtseilakt einer lückenlosen Fremdversorgung

Die durch internationale Spezialisierung zustande gebrachte Wohlstandsexpansion beschwört eine fatale Allianz herauf: Zunehmende Fallhöhe trifft auf zunehmende Instabilität. Der moderne Drahtseilakt einer lückenlosen und räumlich entgrenzten Fremdversorgung erinnert an Goethes Faust. Die Aussicht auf das Neue, Bessere oder schlicht Zusätzliche vom Selben wird mit Kontrollverlust erkauft. Also kehrt durch die Hintertür zurück, was der Raum und Zeit überwindende Fortschritt im Namen moderner Freiheit hätte überwinden sollen, nämlich Schicksalsabhängigkeit. Vollständig fremdversorgte Individuen haben verlernt, sich selbst zu versorgen, benötigen zur Finanzierung der von außen zu beziehenden Leistungen ein stetig zu steigerndes Geldeinkommen – ganz gleich ob kraft spezialisierter Erwerbsarbeit oder staatlichen Transfers. Die einst so fröhliche Konsumparty wird deshalb von doppelter Zukunftsangst überschattet, denn beides ist angreifbar: die Ressourcen- *und* die Geldversorgung.

Verdoppelte Verwundbarkeit impliziert im konstruktiven Umkehrschluss die Suche nach Lösungen, die in mehrfacher Hinsicht zu sogenannter „Resilienz" verhelfen. Letztere umfasst die Stabilitätseigenschaften eines Systems gegenüber Störgrößen von außen, welche den Fortbestand des Systems oder bestimmter seiner Funktionen unterminieren. Allerdings wird schnell deutlich, dass bloße Unabhängigkeit von fossilen Strukturen für Resilienz nicht ausreichend sein kann, sondern das umfassendere Konzept der Postwachstumsökonomie vonnöten ist. (3)

Zu den Elementen der Postwachstumsökonomie zählt auch der Transition-Town-Ansatz (vgl. S. 61 ff.). Dieser greift Peak Oil und den Klimawandel als Störgrößen auf, denen durch kleinräumige und tendenziell subsistente Versorgungsstrukturen zu begegnen sei. (4) Für diese zunächst an materiellen Zielgrößen - weniger Ölbedarf, weniger CO_2-Verursachung und anderes - orientierte Transformation sieht der Transition-Town-Ansatz praktische Umsetzungsschritte vor. Diese sind eher im sozialen (solidarisches Wirtschaften), kulturellen (Suffizienz) und institutionellen (Regionalgeld) als im technischen Bereich angesiedelt.

Wohlstandsschrott macht erpressbar

Die Postwachstumsökonomie fußt unter anderem auf dem empirischen und theoretischen Befund, dass global arbeitsteilige und geldbasierte Wertschöpfung nicht vollständig dematerialisiert, also von Ressourcenverbräuchen und Umweltschäden entkoppelt werden kann. Unter dieser Prämisse wären Klimaschutz und Resilienz im Sinne einer Vermeidung von Ressourcenabhängigkeit nicht nur unvereinbar mit einem weiteren Wachstum des Bruttoinlandsproduktes, sondern bedürften sogar einer Übergangsphase, in der die industrielle Wertschöpfung auf ein tragfähiges Niveau reduziert wird.

Aber dann sind Versorgungssysteme, Lebensstile und gegebenenfalls institutionelle Arrangements gefragt, welche erstens dazu befähigen, die unumgänglichen Reduktionsleistungen auf individueller Ebene zu meistern - andernfalls wäre Fremdversorgung trivialerweise gerade nicht zu überwinden -, und die zweitens strukturelle Wachstumsursachen mildern. Eine Wiedererlangung dessen, was die Sozialwissenschaftlerin Marianne Gronemeyer als „Daseinsmächtigkeit" bezeichnet, beruht auf der Synergie zweier Eigenschaften, die einen interessanten Zugang zur Resilienz eröffnen. (5) Wenn Versor-

> **„Die komplexe und räumlich diffuse Versorgungsmatrix lässt sich schon allein dadurch zum Einsturz bringen, dass ihr an entscheidender Stelle der Saft abgedreht wird, das Öl.“**

gungsansprüche genügsam mit den Möglichkeiten in Einklang gebracht würden, welche sich aus eigenen produktiven Fähigkeiten und den nahegelegenen, nicht durch äußere Zuflüsse vermehrten Ressourcen speisen, ergänzten sich Suffizienz und Subsistenz – zwei Kernelemente der Postwachstumsökonomie – zu ökonomischer Souveränität.
Suffizienz bedeutet keineswegs Verzicht, sondern es bedeutet, sich elegant jenes überflüssigen Wohlstandsschrotts zu entledigen, der abhängig und folglich erpressbar macht, weil er Geld, Raum, ökologische Ressourcen und Zeit kostet. Mittels einer zeitökonomischen Theorie der Suffizienz lässt sich begründen, wie der Abwurf von Konsumballast nicht nur von geldbasierter Fremdversorgung befreit, sondern obendrein das subjektiv empfundene Wohlbefinden steigern kann. Dies gilt nicht nur dort, wo Güter- und Mobilitätsüberfluss in purer Reizüberflutung und in Stress enden. Selbstredend setzen suffiziente Lebensstile direkt an den kulturellen Ursachen des Wachstumsdogmas an.

Soziale Interaktion ersetzt materielle Produktion

Subsistenz verweist auf eine neu zu justierende Balance zwischen Selbst- und Fremdversorgung, die auf individueller Ebene unterschiedlichste Formen annehmen kann. Sie entfaltet ihre Wirkung im unmittelbaren sozialen Umfeld, also in der Kommune. Zwischen den Extremen lokaler Subsistenz und globaler Verflechtung existiert ein reichhaltiges Kontinuum unterschiedlicher Fremdversorgungsgrade. Wer lediglich 20 Stunden dem arbeitsteiligen Gelderwerb nachgeht, verfügt weiterhin über ein maßvolles monetäres Einkommen, das Konsumausgaben ermöglicht. Die freigewordenen 20 Stunden können dem Handwerk, der Kindererziehung, der Nachbarschaftshilfe, der Mitwirkung im Gemeinschaftsgarten, diversen Facetten des Gemeinwesens, künstlerischen Aktivitäten oder der Pflege, Instandhaltung und Reparatur von Konsumgütern gewidmet werden.

Letzteres deutet den Wandel von der reinen Konsumorientierung zur souveränen Daseinsform eines „Prosumenten" an. Wer durch handwerkliche Fähigkeiten oder manuelles Improvisationsgeschick die Nutzungsdauer von Konsumobjekten erhöht – zuweilen reicht schon die achtsame und pflegliche Behandlung, um den frühen Verschleiß zu vermeiden –, substituiert materielle Produktion durch eigene produktive Leistungen, ohne notwendigerweise auf bisherige Konsumfunktionen zu verzichten. Eine andere Spielart möglicher Kompromisse zwischen Fremd- und Selbstversorgung besteht im geldlosen Leistungstausch, der eine Nutzungsintensivierung erlaubt. Wer sich die Bohrmaschine vom Nachbarn leiht, ihm als Gegenleistung ein Brot bäckt oder das neueste Linux-Update installiert, ersetzt materielle Produktion durch soziale Interaktion.

Stärkere regionalökonomische Autonomie

Derartige Formen ökonomischer Autonomie mildern die schicksalhafte Abhängigkeit von materiellen Ressourcen, Geld und Wachstum, ohne die industrielle Wertschöpfungsketten nicht zu stabilisieren sind. Aber dies setzt zweierlei voraus, nämlich erstens einen eigenen Zeitinput, der sich nur aus einer Reduktion und Umverteilung der Erwerbsarbeit speisen kann. Zweitens bedarf es eines hinreichend „dichten" sozialen Nahraums. Nur so gelingt es, jene Subsistenzleistungen zu generieren, zu mobilisieren und auszutauschen, die eine Alternative zum Industrieoutput bilden. Die Postwachstumsökonomie gründet also tendenziell eher auf urbaner Selbstversorgung als romantischer Stadtflucht.

Zentrale staatliche oder europäische Transfer-, Sozial- und Infrastrukturleistungen untergraben die Resilienz. Sie können schon deshalb keine Antworten auf die sich abzeichnenden Krisenszenarien bieten, weil ihre Finanzierung auf Wachstum und ihre Logistik auf überregionalen Verflechtungen beruht. Zudem unterliegt die Verlässlichkeit der zugrundeliegenden politischen Entscheidungen Unwägbarkeiten, die einem medial vermittelten Stimmungsbarometer, kurzen Legislatur- und Planungszyklen sowie obendrein einer Konsensfindung auf europäischer Ebene geschuldet sind. Als bürgernahe Gestaltungsebene gewinnt die Kommune somit an Bedeutung. Dies betrifft zugleich den Größenzuschnitt öffentlicher Versorgungsstrukturen. Tendenzen zur Stärkung von Stadtwerken, „100-Prozent-Regionen" und andere Ansätze zur Wiedergewinnung städtischer beziehungsweise regionaler Autonomie gegenüber ökonomischer und politischer Fremdsteuerung untermauern dies.

Vieles davon hat der Philosoph und Nationalökonom Leopold Kohr als früher Vordenker vorweggenommen. (6) Seine Begründung für die Überlegenheit kleinräumiger Versorgungs- und Verwaltungsstrukturen umfasst nicht nur Resilienzvorteile, sondern auch eine effektivere Kontrolle von Politik und Planung infolge der immanent demokratischen Natur kleiner administrativer Einheiten. Der Resilienzgedanke findet sich bereits in Kohrs „Kleinzellensystem". Wenn in kleinen Gemeinwesen Probleme aufträten, seien diese nur von geringem Ausmaß und somit eher zu bewältigen als die entsprechend wirkmächtigen Probleme groß dimensionierter sozialer Gebilde. Zudem sei bei einem Gefüge vieler kleiner Gemeinwesen, dem Kleinzellensystem, davon auszugehen, dass nicht alle Einheiten zugleich von Störungen betroffen seien. So fiele die Gefährdung des Gesamtsystems geringer aus.

Die Effizienz dezentraler Strukturen wird oft überschätzt

Kohr zufolge sind kleine Gemeinwesen aufgrund der geringen physischen Distanz zwischen der Administration und dem einzelnen Individuum immanent demokratisch. Eine flexible Anpassungsfähigkeit an eine Vielzahl verschiedener individueller Bedürfnisse, die das Wesentliche der Demokratie ausmache, fehle dagegen in großen Systemen. Schließlich weist der Nationalökonom in Anwendung des Grenznutzengesetzes darauf hin, dass dezentrale Strukturen oft effizienter seien als wenige überdimensionierte Gebilde, zumindest wenn alle langfristigen, koordinationsbedingen und systemübergreifenden (zumal externen) Kosten einbezogen würden. Kohr sieht im Grenznutzengesetz sogar die wirtschaftliche Anwendung des „Kleine-Einheiten-Prinzips", einem Merkmal resilienter Systeme. Ähnlich argumentierten der Philosoph Ivan Illich und der Ökonom Ernst Friedrich Schumacher. (7)

Die eingangs erwähnte Peak-Oil-Bundeswehrstudie wartet schließlich mit einer gelinde gesagt frappierenden Bemerkung hinsichtlich zu erwägender Reaktionsmuster auf: „Auf gesellschaftlicher Ebene ist deshalb auch eine Stärkung von Möglichkeiten und Fähigkeiten zur Selbstorganisation von Bürgern auf lokalem Level denkbar." Darf nun also damit gerechnet werden, dass die Bundeswehr anstelle einer militärischen Verteidigung fossiler Interessen am Hindukusch demnächst Transition Towns aufzubauen hilft und der Militärapparat entsprechend verkleinert wird, was eine weitere Milderung fiskalischer Wachstumsabhängigkeiten bedeuten würde? Träumen wird ja noch erlaubt sein.

Anmerkungen

(1) Heinberg, Richard (2007): Peak Everything. Gabriola Island.
(2) Zentrum für Transformation der Bundeswehr (2010): Peak Oil - Sicherheitspolitische Implikationen knapper Ressourcen. Strausberg.
(3) Paech, Niko (2009): Die Postwachstumsökonomie - ein Vademecum. In: Zeitschrift für Sozialökonomie 160-161, S. 28-31.
(4) Hopkins, Rob (2008): The Transition Handbook. Dartington.
(5) Gronemeyer, Marianne (1988): Die Macht der Bedürfnisse. Reinbek.
(6) Kohr, Leopold (1957): The Breakdown of Nations. London.
Wiederveröffentlichung 2002: Das Ende der Großen. Salzburg.
(7) Illich, Ivan (1973): Tools for Conviviality. New York.
Schumacher, Ernst Friedrich (1973): Small is Beautiful. London.

Welches Fossil nehmen Sie mit ins Postfossilozän?

Unser Fossilozän-Museum müsste recht groß und strahlungssicher sein, um die Leitfossilien des Anthropozäns zu beherbergen: liebevoll kuratierte Kohle- und Atomkraftwerke, Autobahnen, Flughäfen, Logistikzentren, Shopping Malls, Parkhäuser, Bohrinseln ...

Zu den Autoren

Björn Paech, geb. 1976, ist Geograf und arbeitet als Mitarbeiter und Berater in Forschungsprojekten zu Fragen des Klimaschutzes, der Nachhaltigkeitskommunikation, Raumentwicklung und Postwachstumsökonomik. Er berät NGOs, darunter den BUND.

Niko Paech, geb. 1960, ist Ökonom und vertritt seit 2008 den Lehrstuhl Produktion und Umwelt an der Carl von Ossietzky Universität Oldenburg. Er ist u.a. Vorsitzender der Vereinigung für Ökologische Ökonomie und arbeitet daran, die Postwachstumsökonomik als neue wirtschaftswissenschaftliche Teildisziplin zu etablieren.

Kontakt

Björn Paech
Quendorfer Str. 84
D-48465 Schüttorf
Fon ++49/(0)5923/25 93
E-Mail bjoernpaech@web.de

apl. Prof. Dr. Niko Paech
Carl von Ossietzky Universität Oldenburg
Fakultät II
Lehrstuhl für Produktion und Umwelt (PUM)
D-26111 Oldenburg
Fon ++49/(0)441/798 -4264
E-Mail niko.paech@uni-oldenburg.de

Transition-Town-Initiativen

No Future war gestern

Von Gerd Wessling

Immer mehr Menschen sind davon überzeugt, dass Peak Oil, Ressourcenverbrauch und Co. das Leben aller verändern werden. Doch anstatt resignierend auf eine erzwungene Transformation zu warten, krempeln sie ihr Gemeindeleben um und experimentieren mit einem neuen, bereichernden und befriedigenderen Lebensstil.

Das hätte sich der Lehrer für Permakultur, Rob Hopkins, bestimmt nicht träumen lassen, als er 2006 mit seiner Familie von Irland nach Totnes, eine Kleinstadt in Großbritannien, zog, wo er mit ein paar Freund(inn)en die weltweit erste Transition-Town-Initiative gründete: Fünf Jahre später, 2011, gibt es mehr als 360 offizielle Transition-Initiativen in über 40 Ländern und mehrere Tausend Dörfer, Städte, Gemeinden und Regionen, die darüber nachdenken, eine zu gründen.

Das Transition-Modell überwindet Kultur- und Sprachschranken. Es ist flexibel und offen genug, um Menschen in Brasilien ebenso wie in Schweden zu begeistern, und bietet dabei genügend Gemeinsamkeiten, diese Menschen durch die Bewegung global im Denken zu verbinden und sie gleichzeitig zu ermuntern, sehr stark an die lokalen Umstände angepasst zu handeln. Allein in Deutschland befinden sich inzwischen 25 bis 30 Transition-Initiativen im Aufbau, Kreuzberg-Friedrichshain, Bielefeld und Witzenhausen sind die ersten drei offiziellen deutschen Transition-Town-Initiativen. Und das scheint erst der Anfang zu sein: Über 500 Interessent(inn)en und Aktive tauschen sich äußerst rege in

Internetforen aus. (1) Zur ersten Transition-Konferenz in Hannover 2010 kamen über 150 Menschen aus Deutschland, Österreich und der Schweiz, die an mehr als 30 Workshops teilnahmen und die zweieinhalb Tage als äußerst lehrreich, bereichernd und berührend empfanden. Über 200 Teilnehmer(innen) haben im deutschsprachigen Raum bereits Training-for-Transition-Kurse besucht und sich überwältigend positiv über Form und Inhalt ausgesprochen. Womit Hopkins vor allem nicht gerechnet hätte, ist die Tatsache, dass die britische Regierung sich mittlerweile von der Transition-Bewegung Großbritannien im Hinblick auf Maßnahmen für die Entwicklung einer nachhaltig lebenden „Big Society" beraten lässt.

Was macht das Transition-Modell so anziehend für viele, äußerst unterschiedliche Menschen und Kulturen? Was lässt Männer, Frauen und Kinder in einer Art und Weise vor Ort aktiv werden, die ihnen bisher oft fremd war? Um diese Frage zu beantworten, hilft es, sich die Wurzeln der Bewegung näher anzusehen. Die Transition-Bewegung bezeichnet sich gerne als „Kopf, Herz und Hände" der Energie- und Kulturwende. Wichtig ist es ihr dabei, die Balance zwischen den drei Komponenten zu wahren und darauf zu achten, dass keine Komponente Übergewicht bekommt.

In den „Kopf"-Bereich fließen beispielsweise die wissenschaftlichen und mentalen Motivationen mit ein, die Rob Hopkins und seine Mitstreiter(innen) in Totnes die erste Transition-Town-Initiative gründen ließen. Dazu gehörte unter anderem die Erkenntnis, dass gerade die bisherige Lebensart in der westlichen Welt - vor dem Hintergrund von Klimawandel, Peak Oil, der Finanz- und Wirtschaftskrise sowie der weltweiten sozialen Ungerechtigkeit vor allem im Hinblick auf den Ressourcenverbrauch - nicht einem „Business as Usual" folgen kann und sollte.

Gewinnen durch Verzichten

Anstatt nun ein Weltuntergangsszenario zu entwerfen und zu propagieren, begreift die Transition-Bewegung die negativen Entwicklungen eher als Chance - gerade für den Westen -, durch die Umstellung auf eine sanftere, Ressourcen besser schonende und mehr auf ein Miteinander aufbauende Zivilgesellschaft jetzt schon die Lebensqualität deutlich zu erhöhen. Damit geht einher, den vermeintlichen Verzicht auf viele liebgewonnene Dinge und Gewohnheiten - wovor Menschen oft große Angst haben und wogegen sie Widerstand entwickeln - als eigentlichen Gewinn zu erkennen, beispielsweise den Gewinn an:

- Luft-, Wasser- und Bodenqualität sowie Artenvielfalt statt weiterer Verschmutzung durch fossile Energieträger;
- Stille im Gegensatz zu Lärm durch zunehmenden Verkehr;
- guten Freundschaften, Nachbarschaften und Kontakten innerhalb der eigenen Stadt oder Region anstatt zunehmender Vereinzelung und Isolierung sowie
- Respekt für die uns umgebenden Menschen mit all ihren Unterschieden im Gegensatz zum Gefühl der Bedrohung durch das vermeintlich Fremde.

Dieses letztgenannte Element fließt auch stark in die „Herz"-Komponente der Transition-Bewegung ein. Interessierte zu diesem Thema erforschen beispielsweise, welche inneren Mechanismen uns eigentlich das industrielle Wachstumssystem so haben erschaffen lassen, wie es ist. Andere Fragen sind, wie eine Gruppe gut und konstruktiv arbeiten oder wie man sich gegenseitig stützen kann, wenn angesichts des Überwältigenden der „großen" Themen wie dem Klimawandel Phasen der Verzweiflung und das Gefühl der Machtlosigkeit aufkommen. Weitere Elemente, die in diese Forschung einfließen, sind etwa tiefenökologische Ansätze nach Joanna Macy sowie natürlich ganz stark die Elemente der Permakultur.

Die Permakultur hat ein paar Grundsätze, die auch jeder Transition-Initiative zugrunde liegen: beobachten und interagieren, Energie auffangen und speichern, einen Ertrag erzielen, also ernten, Selbstregulation anwenden und Feedback akzeptieren, erneuerbare Ressourcen und Dienste verwenden und wertschätzen, keinen Abfall produzieren, integrieren anstatt separieren, kleine und langsame Lösungen bevorzugen, Vielfalt verwenden und wertschätzen, Randzonen achten und nutzen sowie auf Veränderung kreativ reagieren.

Ursachen der positiven Resonanz

Wichtig ist es, die beiden Transitionelemente „Kopf" und „Herz" immer möglichst konkret auch im Handeln vor Ort zu verankern, besonders im Gestalten und Durchführen von lokalen Projekten, zum Beispiel bei der Einführung von Regionalwährungen, beim Anlegen von Stadtgärten oder Gründen von Tauschbörsen, Nachbarschaftstreffen und Arbeitsgruppen zu Themen wie Energie, Bildung oder Mobilität. Dabei sollte das Rad nicht neu erfunden werden. Vielmehr sollte vor Ort im engen Austausch und in Kooperation mit existierenden Initiativen geplant und gehandelt werden. Warum aber nun dieser Zulauf? Gibt es Gemeinschaftsgärten, Diskussionsgruppen oder Tauschbörsen nicht schon lange und gerade in unserem ach so „grünen" Deutschland? Es scheint so zu sein, als hätte das Transition-Modell gegenüber anderen bereits existierenden Bewegungen und politischen Strömungen, die zum Beispiel mit der Grünen-Partei so stark wie nie sind, ein paar frische und neue Aspekte zu bieten, welche Menschen aktiv werden lässt, die bisher nur still mit grünen Themen symphatisiert haben.

„Gegenüber allen bereits existierenden Bewegungen und politischen Strömungen hat das Transition-Modell ein paar frische und neue Aspekte zu bieten, welche Menschen aktiv werden lässt, die bisher nur still mit grünen Themen symphatisiert haben."

Zu einer möglichen Erklärung seien hier noch einmal einige Punkte aufgeführt, die Transition ausmachen: Bei Transition geht es um eine Vision einer positiven Zukunft, um die Sensibilisierung respektive Bewusstseinsbildung für Themen wie Klimawandel, Peak Oil, Ressourcenverbrauch, globale Gerechtigkeit oder Finanz- und Wirtschaftskrise. Und es geht um das Einbeziehen aller, wonach jede(r) da gebraucht wird, wo er oder sie bereits steht, und um das selbstermächtigende Handeln nach dem Motto „Die Lösung ist genauso groß wie das Problem."

Wichtig ist, dass die Modelle und Projekte „anstecken", also begeistern und einfach zu wiederholen sind. Darüber hinaus geht es um Resilienz, also die Widerstandsfähigkeit, und darum, starke lokale Gemeinschaften zu bilden, die eingebettet sind in einen globalen geistigen Verbund und eine weltweite mentale Offenheit zeigen.

Ergänzen lassen sich diese Punkte gut durch die vier Haupterkenntnisse der Transition-Bewegung:

- ein zukünftiges Leben mit weniger verfügbarer Energie ist unvermeidlich; es ist besser, dafür zu planen, als von ihm überrascht zu werden;

- unsere ölbasierte Gesellschaft ist noch lange nicht resilient genug, um beispielsweise mit Energiepreisschocks fertig zu werden;
- wir müssen selbst handeln und wir müssen jetzt handeln;
- unter Verwendung des kollektiven Genius unserer Gemeinde oder Region können wir einen Lebensstil gestalten, der bereichernder, befriedigender und mehr mit den Mitmenschen verbunden ist, als es bei den meisten heutigen Lebensstilen der Fall ist.

Genügend Talente in der Nachbarschaft

Der hohe Zulauf liegt wohl auch an dem sehr unideologischen, pragmatischen und inklusiven Ansatz von Transition sowie an dessen Stärkung der Selbstermächtigung. Er ermuntert man und frau, vor Ort direkt aktiv zu werden und zu versuchen, in angemessener Art und Weise lokale Lösungen auf lokale Herausforderungen zu finden. Indem Menschen sich engagieren, vermeiden sie ein mögliches Gefühl der Ohnmacht nach dem Motto „Was ich als einzelner tue, bringt ja sowieso nichts".

Viele empfinden auch das Verbindende innerhalb einer Initiative als sehr bereichernd und können gut damit leben, dass es sich bei Transition um ein großes Experiment handelt mit völlig ungewissem Ausgang und der klaren Aussage: Niemand weiß die Lösung schlechthin, weil es „die" Lösung nicht gibt. Vielmehr gehen Transition-Initiativen davon aus, dass in der näheren Umgebung Menschen mit allen nötigen Talenten leben, mit denen gemeinsam sie lokalen Herausforderungen konstruktiv und positiv begegnen können.

Wie wird sich nun das Transition-Modell - wenn überhaupt - auf die weitere wirtschaftliche und politische Entwicklung vor allem in den entwickelten Industrienationen auswirken? Ist diese Bewegung geeignet, mittel- und langfristig spürbare Änderungen auszulösen und/oder zu begleiten? Spürbar ist auf jeden Fall, dass die Transition-Bewegung viele der aktuell aufkeimenden Themen und Stimmungen bündelt. Am deutlichsten erfahrbar ist dabei die immer stärker werdende Kritik vieler Mitmenschen am ungebremsten Ausbau unseres globalen industriellen Wachstumssystems mit allen negativen Konsequenzen. Die auch im saturierten Westen immer stärker spürbare Verunsicherung darüber, welche Form der individuellen Lebensgestaltung denn vor diesem Hintergrund die richtige ist, findet in Transition-Initiativen Ausdruck.

Wenn Transition weiterhin einen Rahmen schaffen könnte, in dem sich dieser Wandel lokal von Gemeinden, aber auch Individuen kreativ und positiv umsetzen lässt, so wäre dies schon ein wunderbares Ergebnis. Gleichzeitig ist es notwendig, dass stützende Vereinbarungen und Projekte auf nationaler sowie auf globaler Ebene beschlossen und umgesetzt werden. Transition-Initiativen können helfen, diese Vereinbarungen lokal umsetzen.

Wollte man das Transition-Modell von A bis Z ausbuchstabieren, wären wir, was dessen Möglichkeiten angeht, gerade erst beim Buchstaben C angelangt. Es gibt also noch viel Potenzial, das Modell gemeinsam weiterzuentwickeln, und dazu seien alle Interessierten herzlich eingeladen.

Anmerkung

(1) Vgl. www.transition-initiativen.de, www.transitionculture.org, www.transitionnetwork.org

Welches Fossil nehmen Sie mit ins „Postfossilozän"?

Benzingeruch, den Geschmack von Megasmog in Bombay 2007, den unglaublichen Lärmteppich entlang der Stadt-Autobahn Ostwestfalendamm in Bielefeld und zahlreiche Späteinkäufe an der Tankstelle auf Bandtouren in den 1990er-Jahren.

Zum Autor

Gerd Wessling, geb. 1966, ist Dipl.-Physiker und selbständig im IT-Bereich. Er hat u.a. die Transition Town Bielefeld und das Transition-Netzwerk D/A/CH mitgegründet und begleitet Transition-Initiativen in Großbritannien und im deutschsprachigen Raum als ausgebildeter Transition-Trainer.

Kontakt

Gerd Wessling
c/o Transition Town Bielefeld
Bleichstr. 77a, D-33607 Bielefeld
Fon ++49/(0)521/303 10 01
E-Mail gerd.wessling@googlemail.com
www.transition-initiativen.de

Urbane Landwirtschaft als postfossile Strategie

Von Stadtpflanzen und Refugien des Selbermachens

Von Christa Müller

Sie ziehen Rüben auf dem Balkon, jäten im Gemeinschaftsbeet auf dem Garagendach und bauen auf kommunalen Grünflächen Gemüse an. Was andernorts als Reaktion auf fehlendes Erdöl aus der Not geboren wurde, ist für begeisterte Großstadtgärtner in Europa eine Neuentdeckung der Stadt.

Anfang der 1990er-Jahre realisierte der Karibikstaat Kuba, dass eine industrialisierte Landwirtschaft ohne Öl nicht aufrechtzuerhalten ist: Ohne Öl gibt es kein Benzin, keinen Kunstdünger und keine Pestizide. Mit dem Zusammenbruch des sozialistischen Wirtschaftsblocks versiegte auch der Treiber der nachholenden Entwicklungsstrategie des Landes, Erdöl aus der Sowjetunion. Da aufgrund des Treibstoffmangels die Feldfrüchte auf den Äckern verrotteten, sah sich die kubanische Regierung gezwungen, konsequent auf eine ökologische und kleinteilige Landwirtschaft umzustellen, um die Grundversorgung der Bevölkerung mit Nahrungsmitteln zu sichern. Die exportorientierte Landwirtschaft wurde ad acta und der hochgerüstete Erntemaschinenpark aus der UdSSR stillgelegt. Parallel dazu entdeckten Tausende von Städter(inne)n den Eigenanbau von Obst und Gemüse. Wer keinen Vorgarten hatte, begrünte Dächer und Balkone mit Nutzpflanzen. Plastiktüten und Joghurtbecher dienten als Beete für die Anzucht von Pflanzen. (1)

Der aus der Not geborene Erfindungsreichtum der städtischen Bevölkerung beeinflusste in der Folge auch die staatliche Strategie der nachhaltigen Nahrungsmittelproduktion: Die kubanische Regierung entwickelte sukzessive ökologische Ansätze für den urbanen Obst- und Gemüseanbau, verbunden mit einer Förderung der Kleintierhaltung und der Freigabe von lokalen Märkten. 2004 konnte das in Havanna angebaute Gemüse die komplette Stadt ernähren. (2)
Heute gilt Kuba weltweit als Vorreiter der urbanen Landwirtschaft. Ist die postfossile Strategie der Karibikinsel auf Länder übertragbar, die vor vergleichbaren Transformationsprozessen stehen? Der Geologe David Montgomery vertritt die These, dass die globale Industriegesellschaft nur überleben kann, wenn es gelingt, eine postindustrielle Landwirtschaft ohne Düngemittel zu etablieren. Zur Überwindung des Hungers sei die Förderung von Kleinbetrieben unabdingbar. Zu ähnlichen Ergebnissen kommt der Weltagrarbericht 2010. (3) Kernthese des von 500 Wissenschaftler(innen) im Auftrag der Vereinten Nationen und der Weltbank angefertigten Rapports: Die industrielle Landwirtschaft ist unter anderem wegen ihres immensen Ressourcenverbrauchs und ihrer Abhängigkeit vom Öl nicht in der Lage, die Menschheit zu ernähren. Auch der Weltagrarbericht empfiehlt als wichtigsten Garanten einer nachhaltigen Lebensmittelversorgung die Wiederherstellung von kleinbäuerlichen Strukturen, vor allem in Asien, Afrika und Lateinamerika.
Die Wiederbelebung dezentraler, regionaler Produktions- und Distributionssysteme in den Ländern des Südens ist nachdrücklich geboten, denn es ist nicht zuletzt die Flächenbelegung für den globalen Markt, die die Grundnahrungsmittelversorgung des Südens belastet. Die aktuelle Zuspitzung dieser neokolonialen Verhältnisse durch Land Grabbing, den im großen Stil stattfindenden Aufkauf des weltweit knapper werdenden Agrarlands durch ausländische Investoren in Ländern, die selbst Nahrungsmittelimporteure sind, verlangt täglich dringender nach einer Restrukturierung der Verhältnisse. Damit ist die Frage der globalen Nahrungsmittelversorgung weit über das Phänomen Peak Oil hinaus von Bedeutung.

Grüne Sozialräume

Genau dies wird von einer neuen jungen Bewegung verstanden, die sich seit einigen Jahren in den europäischen Großstädten dem sogenannten Urban Gardening verschreibt. (4) Eines der prominentesten Projekte ist der Berliner Prinzessinnengarten. Es scheint kein Zufall, dass die Idee der am Kreuzberger Moritzplatz betriebenen „mobilen

urbanen Landwirtschaft" ausgerechnet aus Kuba importiert wurde. Der Berliner Filmemacher Robert Shaw hatte in Havanna die „Organopónicos" kennen- und schätzengelernt, denn dort konnte er nicht nur seine Bananen direkt von den Stauden ernten, sondern auch auf Menschen treffen, die ihm sonst nie begegnet wären. Er entdeckte inmitten mehrerer kubanischer Städte „einen ganz anderen Raum, einen Naturraum, den man von der Straße aus betritt, und einen Sozialraum mit Kindern, mit Menschen, die sich auch anders bewegen als auf der Straße", sagt Shaw.
Diese Sozialräume gefielen ihm so gut, dass er zurück in Berlin nicht auf sie verzichten wollte. Seit Sommer 2009 baut Robert Shaw mit seinem Projektpartner Marco Clausen auf der 6.000 Quadratmeter großen Fläche gemeinsam mit einer wachsenden Community aus dem Kiez Gemüse an - vorwiegend alte Sorten und seltene Kulturpflanzen - in lebensmittelechten Reissäcken, Bäckerkisten und aufgeschlitzten Tetrapacks; zum einen wegen der fragwürdigen Qualität des Bodens, zum anderen, weil die stapelbaren und transportablen Bäckerkisten Mobilität ermöglichen.
Alles im Prinzessinnengarten ist mobil: Das Café, die Küche und die Werkstatt befinden sich in Containern aus dem Hamburger Hafen. Als Standardtransportbehältnisse stammen die Container ebenso wie die Bäckerkisten aus industriellen Strukturen, „die wir einfach mitnutzen", so der Jungbauer. „Wir müssen in der Stadt mit dem arbeiten, was vorhanden ist, sowohl finanziell als auch ressourcenbasiert. Recycling ist für die urbane Landwirtschaft eine wesentliche Ressource. Du hast keine ländlichen Ressourcen wie der Bauer. Der Boden ist auch nicht gut. Du musst andere Lösungen finden und dich umgucken."

Eine andere Form von Produktivität

Die Knappheit der Ressourcen sensibilisiert zugleich für ihren Wert. „Wenn man nichts hat, dann muss man halt lernen, mit dem zu arbeiten, was da ist. Man muss es einfach nur in einen anderen Kontext stellen, um eine andere Form von Produktivität zu erzeugen", sagt auch Marco Clausen und betont, dass es gerade die Umnutzung ist, die die Leute dazu bringt, neu über die Dinge, deren Materialität und Wert nachzudenken. Im Prinzessinnengarten ergibt sich unentwegt die Gelegenheit und die Notwendigkeit zum Austausch, das schafft eine „unaufgeräumte" lebendige Atmosphäre. Egal ob beim Kochen eines regionalen Menüs, in einem Workshop zum Begrünen von Hauswänden, Dächern und Balkonen oder bei der Nutzung von Plastikwasserflaschen als Permanentbefeuchter von Humusboden: Gefragt sind immer Erfindergeist und Austausch.

Die beiden Gründer des Prinzessinnengartens beobachten bei der wachsenden Zahl ihrer Besucher(innen) ein vitales Bedürfnis, ein eigenes Stück Garten zu bewirtschaften. Mikrostrategien der Selbstversorgung, beispielsweise durch Gemeinschaftsdachgärten auf Wohnhäusern, vernetzte Balkonbiotope, Fassadenbegrünung, Obstbäume oder der Gemüseanbau auf innerstädtischen Grünflächen werden auch in den europäischen Metropolen zunehmend verfolgt. Diese dezentralen Strategien der urbanen Landwirtschaft sind in der Regel partizipativ und subsistenzorientiert, sie setzen soziale Vergemeinschaftungsprozesse in Gang und bringen Menschen wieder mit der unmittelbaren Nahrungsmittelproduktion in sinnlichen Austausch.

> **„Die neuen urbanen Gartenaktivitäten unterscheiden sich fundamental vom Hightech-Farming in 30-stöckigen Hochhäusern aus Glas, wo in Zukunft Obst und Gemüse angebaut und auch Tiere gehalten werden sollen.“**

Die neuen urbanen Gartenaktivitäten unterscheiden sich damit fundamental von großtechnologischen Antworten auf die Krise der Böden, wie sie von Vertretern kommerzieller Formen urbaner Landwirtschaft derzeit vorgeschlagen werden. Ein Beispiel ist das Skyfarming in sogenannten Vertical Farms, gigantomanischen Hochhäusern aus Glas, in denen bodenunabhängig auf bis zu 30 Stockwerken Obst und Gemüse angebaut und auch Tiere gehalten werden sollen. Die größte Schwachstelle des Vertical-Farming-Ansatzes ist neben dem exorbitanten Energieverbrauch die Suggestion, dass man trotz Peak Soil und Peak Oil einfach so weitermachen könne wie bisher, man müsse eben nur in die Höhe gehen, wenn die Böden in der Fläche ausgelaugt sind.

Jenseits von Hightech-Szenarien wird in der Stadtplanung jedoch längst eine Debatte geführt, die die urbane Landwirtschaft als genuinen Bestandteil der nachhaltigen Stadt mitdenkt und dabei zugleich über reine Versorgungsfragen hinaus gestalterische Diskussionen führt. Die Rede ist von „produktiven Stadtlandschaften statt Shopping Malls". „Urbanisierung heißt in Zukunft Wachstum der Grünräume", wird der Architekt Friedrich von Borries in der ZEIT vom 28.10.2010 zitiert. Von Parks ist derzeit wenig die Rede. Die Berliner Senatsverwaltung für Stadtentwicklung ist vielmehr schon dabei, die „produktiven Grünräume" konzeptionell zu entdecken.

In München hat das Architekten- und Planerinnenteam Agropolis mit seinem Konzept für einen neu zu bauenden „Stadtteil des Erntens" im Münchener Westen Aufsehen erregt. Die „metropolitane Nahrungsstrategie" des Teams setzt von der landwirtschaftlichen Produktion bis zur Speisenzubereitung auf eine zukunftsfähige Nahrungsökonomie, die den Eigenanbau, die Inwertsetzung der regionalen Ressourcen und den nachhaltigen Umgang mit dem Boden ins Zentrum der Stadtplanung stellt.

Ein Venedig, in dem die Kanäle Felder sind

Der Landschaftsarchitekt Frank Lohrberg konstatiert einen Paradigmenwechsel in der Planung. (5) Heute suche man nicht mehr nach Alternativen zur landwirtschaftlichen Nutzung, sondern versuche, die Landwirtschaft als Partnerin zu gewinnen, um die Freiflächen in der Stadtregion zu erhalten und als öffentlichen Raum zu nutzen. Konkrete Szenarien dafür entwerfen die Londoner Architekten Katrin Bohn und André Viljoen, die in ihrem Konzept der „Produktiven Stadtlandschaft" bislang noch ungewohnte Verbindungen von Stadt und Ernährung aufzeigen. (6) Mit den produktiven Stadtlandschaften – das sind vernetzte Flächen von Parzellen für den Eigenbedarf bis hin zu ertragreichen, großflächigen und gemeinschaftlichen Anbauaktivitäten, aber auch natürliche Lebensräume, ökologische Korridore sowie Fuß- und Radwegenetze – will das Architektenteam die gegenwärtigen städtischen Nahrungsversorgungssysteme ökologischer und sozialer gestalten. Vernetzte produktive Landschaften stellen sie sich dabei vor „wie ein Venedig, in dem die Kanäle Felder sind". Angefangen werden soll damit aber schon einmal an weniger romantischen Orten wie Großparkplätzen, Parkhäusern, Einkaufszentren, den Flachdächern von Warenlagern oder Bahndämmen. Je mehr sich die produktiven Stadtlandschaften ausbreiten, umso effektiver dienen sie dazu, die Biodiversität zu schützen, Materialkreisläufe zu schließen und die Primärenergie bei der Nahrungsmittelproduktion zu reduzieren.

In neueren Ansätzen der Stadtplanung werden Fragen einer zukunftsfähigen Produktion nicht mehr von den Konsument(inn)en entkoppelt behandelt. Vielmehr geht es darum, mittels der urbanen Landwirtschaft einen partizipativen Ansatz zu entwickeln, um Nahrungsmittelkreisläufe wieder erfahrbar zu machen und öffentliche Räume mitzugestalten. Die Chancen postfossiler Strategien der Stadtgestaltung beschränken sich nicht auf die Reduzierung der Transportmeilen von Nahrungsmitteln, sondern liegen auch darin, den Lebensraum Stadt neu zu entdecken und sich als Mensch selbst in einer nachhaltigen Welt im wahrsten Sinne des Wortes zu verorten und zu erden. Im Zentrum einer postfossilen Nahrungsmittelstrategie stehen eben nicht nur die Lebensmittel, sondern auch die Verhältnisse, in denen sie produziert werden.

Anmerkungen

(1) Kälber, Daniela (2011): Urbane Landwirtschaft als postfossile Strategie. Agricultura Urbana in Kuba. In: Müller, Christa (Hg.): Urban Gardening. Über die Rückkehr der Gärten in die Stadt. München. S. 279-291.

(2) Montgomery, David R. (2010): Dreck. Warum unsere Zivilisation den Boden unter den Füßen verliert. München.

(3) www.weltagrarbericht.de

(4) Müller, Christa (Hrsg.) (2011): Urban Gardening. Über die Rückkehr der Gärten in die Stadt. München.

(5) Lohrberg, Frank (2011): Agrarfluren und Stadtentwicklung. In: Müller, Christa (Hrsg.): Urban Gardening. Über die Rückkehr der Gärten in die Stadt. München. S. 140-149.

(6) Bohn, Katrin/Viljoen, André (2011): Produktive Stadtlandschaft. Über ungewöhnliche Verbindungen von Stadt und Ernährung. In: Müller, Christa (Hrsg.): Urban Gardening. Über die Rückkehr der Gärten in die Stadt. München. S. 150-159.

Welches Fossil nehmen Sie mit ins „Postfossilozän"?

Wär´ schon schön, wenn der Laptop noch ganz lange halten würde. Und meine drei Fahrräder auch, und ...

Zur Autorin

Christa Müller, geb. 1960, ist Soziologin und geschäftsführende Gesellschafterin der Stiftungsgemeinschaft anstiftung & ertomis und der Stiftung Interkultur in München. Sie forscht seit Jahren zu urbanen Gärten.

Kontakt

Dr. Christa Müller
Stiftungsgemeinschaft anstiftung & ertomis
gemeinnützige GmbH
Daiserstr. 15
D-81371 München
Fon ++49/(0)89/74 74 60 -19
E-Mail mueller@stiftung-interkultur.de
www.anstiftung-ertomis.de,
www.stiftung-interkultur.de

Gewerbegebiete

Stiefkinder der nachhaltigen Stadtentwicklung

Von Frank Betker

Anstatt die reichlich vorhandenen innerörtlichen Brachflächen zu nutzen, weisen viele Kommunen den Unternehmen noch immer Flächen auf der „grünen Wiese" zu. Elf deutsche Städte ziehen die Notbremse und machen vor, wie Wirtschaft und Politik grün werden – ohne den Flächenfraß voranzutreiben.

So lange es die Stadt gibt, lebt sie über ihre Verhältnisse. Zulasten des (Um-) Landes haben sich Städter(innen) über Jahrhunderte einen Modernitätsvorteil und ein vergleichsweise besseres Leben mit allen sozialen, kulturellen und ökonomischen Vorteilen erkauft. Aber erst die Urbanisierung des 19. Jahrhunderts als Folge des durchgreifenden Industrialisierungsprozesses hat das Städtische massiv auf den ökologischen Prüfstand gestellt. Die Industrialisierung machte die Industriestadt mit ihren Mietskasernenvierteln und innerstädtischen qualmenden Industrieanlagen zum Moloch.

Auflockerung und Durchgrünung, Licht, Luft und Sonne waren infolgedessen für mehr als ein halbes Jahrhundert die zentralen Themen des Städtebaus. Die ölbasierte Mobilität zehrte jedoch spätestens ab den 1970er-Jahren an der Lebensqualität in der Stadt. Die Urbanitätsvorteile wandelten sich in ökologische Standortnachteile um. Grüne Lungen und Frischluftschneisen wurden zunehmend überbaut, die Ausweitung des subur-

banen Siedlungsbreis ins Umland verlängerte die Wege ins Grüne, die infolgedessen ausgebauten „Verkehrsadern" belasteten die Luftqualität zusätzlich.
Die Ökowelle in der Stadtentwicklungspolitik der ökonomisch wachstumsschwachen 1980er- und 1990er-Jahre brachte ein wenig Entlastung (vgl. S. 24 ff.). Das emittierende Gewerbe wurde an den Stadtrand verlagert, einige Grünräume wurden zurückerobert, neue ästhetische Qualitäten geschaffen. Verkehrsberuhigungen gestalteten den Aufenthalt in der City angenehmer und hoben die Wohnqualität in den Quartieren.
Gleichwohl blieb die gesamte Ökobilanz der Städte defizitär. Der Verkehr nahm weiter zu und die Städte wucherten zulasten der Umweltgüter fortgesetzt ins Umland. Beides bedingte sich gegenseitig, sodass der nahezu irreversible Verbrauch der nicht erneuerbaren Ressource Boden inzwischen zu einer gesellschaftlichen und umweltpolitischen Herausforderung geworden ist. (1) Die deutsche Bundesregierung etwa begegnet ihr mit dem Ziel, den täglichen Flächenverbrauch bis zum Jahr 2020 auf 30 Hektar zu begrenzen.

Immer mehr Wohlstand auf immer größerer Fläche

Eine durchgreifende Trendumkehr ist allerdings noch nicht in Sicht. Hand in Hand mit der nach wie vor flächenintensiven Wachstumsorientierung der Wirtschaft geht ein kaum weniger auf Flächenexpansion gerichteter Lebensstil großer Teile der Bevölkerung. Denn bei stagnierender oder sinkender Bevölkerungszahl nimmt die Zahl der Haushalte weiterhin zu und steigt der sogenannte Wohnflächenkonsum pro Kopf stetig an. (2) Das spiegelt sich auch in der weiter zunehmenden Flächeninanspruchnahme durch Industrie und Gewerbe, wenn man diese ins Verhältnis zur Entwicklung der Beschäftigung setzt: Auf immer größerer Fläche wird tendenziell mit immer weniger Beschäftigten immer mehr Wohlstand produziert. (3)
Der Brundtland-Bericht zur nachhaltigen Entwicklung von 1987 und das 1992 in Rio beschlossene entwicklungs- und umweltpolitische Aktionsprogramm der Vereinten Nationen für das 21. Jahrhundert waren wichtige Impulse für die Städte, sich in einem noch umfassenderen Sinne als jemals zuvor, um eine nachhaltige Entwicklung zu bemühen. Vielerorts wurden vor allem ab der zweiten Hälfte der 1990er-Jahre Lokale-Agenda-21-Prozesse und komplexe Handlungsprogramme angeregt. Etliche Kommunen verfolgen seither Nachhaltigkeitsstrategien oder legen Nachhaltigkeitsberichte auf, um Fortschritte messbar zu machen.
Gewerbegebiete standen jedoch lange Zeit nicht im Fokus. Die zaghaften Versuche der

„Je mehr am Stadtrand neu ausgewiesen und genutzt wird, desto stärker wächst der Bestand an verlassenen innerörtlichen Brach-, Gebäude- und Freiflächen.“

1980er- und 1990er-Jahre, Gewerbestandorte städtebaulich aufzuwerten, waren noch nicht explizit mit Nachhaltigkeitszielen verknüpft. Und noch immer scheint es, als seien Gewerbegebiete die Stiefkinder der Stadtentwicklungspolitik und könnten bei der Gestaltung einer zukunftsfähigen Stadtentwicklung außen vor bleiben.
Mit dem Deindustrialisierungsprozess in den westlichen Industrieländern verringerte sich das Problem der Industrieemissionen, der klassische Produktionsbetrieb befindet sich auch in Deutschland tendenziell auf dem Rückzug. In scheinbar paradoxer Weise wird allerdings auch hier das Problem des Flächenfraßes durch Industrie- und Gewerbeansiedlungen nicht geringer, sondern brisanter. Die Ansiedlungen stehen nach wie vor im Fokus der Wirtschaftsförderer vieler Kommunen. Der Gewerbestandort auf der „grünen Wiese" ist ihnen ein wichtiger strategischer Hebel, um angebotsorientiert erschlossene Gewerbeflächen in verkehrsgünstiger Lage bereitzustellen.

Innerstädtische Brachflächen decken den Bedarf locker

Diesen gegenüber stehen jedoch vielerorts un- oder mindergenutzte innerstädtische Gewerbeflächen. Je mehr am Stadtrand neu ausgewiesen und genutzt wird, desto stärker wächst der Bestand an verlassenen innerörtlichen Brach-, Gebäude- und Freiflächen (vgl. S. 115 f.). Das Umweltbundesamt hat ermittelt, dass täglich immerhin rund neun Hektar brachfallen. Der bereits für das Jahr 2000 vom Umweltbundesamt berechnete Bestand an innerstädtischen Brachflächen – etwa 139.000 Hektar – könnte den Flächenbedarf für viele Jahre decken. (4)
Neben dem Klimawandel und der CO_2-Problematik war der Flächenverbrauch einer der stärksten Impulse für die aktuellen Bemühungen einer Reihe von Kommunen, sich mit wissenschaftlicher Begleitung der eigenen Gewerbeflächen anzunehmen. So versammelt das vom nordrhein-westfälischen Umweltministerium initiierte Modellprojekt „Nachhaltige Gewerbeflächenentwicklung in NRW" elf Kommunen unterschiedlicher Größe mit

jeweils eigenen Nachhaltigkeitsansätzen. (5) Hier geht es um den Umbau, die Umnutzung, Aufwertung oder Erweiterung von meist innerörtlichen Gewerbegebieten wie beispielsweise in Bottrop, Remscheid, Petershagen und Krefeld; es geht um die sogenannte Konversion und Nachnutzung von Bahnbrachen, Mülldeponien oder ehemals militärisch genutzten Flächen etwa in Leverkusen-Opladen, im oberbergischen Lindlar, in Eschweiler und Hemer; es geht aber auch um die Neuansiedlung sozialer Dienstleistungen (Goch), um ein nachhaltiges Gewerbeflächenkonzept für die gesamte Stadt (Bergisch Gladbach) und sogar eine koordinierte Gewerbeflächenentwicklung für einen ganzen Landkreis mit 16 Kommunen (Kleve).

Was Gewerbegebiete nachhaltig macht

Ressourcenschonung und Energieeffizienz stehen bei allen Projekten auf der Agenda, meist auch Regenwassernutzung, Abfallmanagement und Stoffkreisläufe sowie städtebauliche und verkehrsplanerische Maßnahmen. Ideenreichtum und Kreativität sind gefordert, vor allem bei der ökonomischen und sozialen Dimension, wo Neuland betreten wird: Die Betriebe eines sich nachhaltig entwickelnden Gewerbegebiets sollen unter anderem gemeinsam Synergiepotenziale am Standort erkunden und nutzen. Unterstützung erhalten sie von den Kommunen, für die besonders die sozialen Kriterien eine Herausforderung darstellen. Angestrebt ist es, Aufenthaltsqualitäten in den Freiräumen zu schaffen und imagebildende Strategien für das gesamte Gewerbegebiet zu entwickeln, die Erreichbarkeit durch Bus und Bahn zu verbessern sowie betriebsbezogene Kindertagesstätten einzurichten; ferner haben die Kommunen für eine möglichst breite Beteiligung der Bevölkerung und anderer betroffener Akteursgruppen zu sorgen.
Vier der außergewöhnlichen Projekte seien hier kurz vorgestellt:

- Im Bottroper Industriegebiet Kruppwald/Knippenburg verfolgt die Stadt gemeinsam mit den Unternehmen ein Zero-Emission-Konzept. Hier kooperieren die Unternehmen bereits miteinander, organisieren Stoffkreisläufe und eine effiziente Energienutzung.
- Auf dem etwa 72 Hektar umfassenden ehemaligen Bahngelände in Leverkusen-Opladen entsteht ein ganz neuer Stadtteil, der sich nicht nur „urban, kompakt und grün" darstellt, sondern auch zukunftsträchtige Arbeitsplätze integriert. In einer 1904 erbauten ehemaligen Werkshalle wird ein ökologischer Handwerkerhof eingerichtet, der Produktion, Dienstleistung und Beratung kombiniert und in ein noch zu konzipierendes nachhaltiges Gewerbegebiet eingebunden sein soll.

▭ Beim Krefelder Beispiel Campus Fichtenhain wird ein denkmalgeschütztes, ehemals sozialfürsorgerisch genutztes, 1906 errichtetes Ensemble von elf Gebäuden zu einem neuen gewerblichen Dienstleistungsstandort umgenutzt. Dabei bleibt nicht nur der nach baubiologischen Prinzipien zu sanierende Gebäudebestand, sondern auch der hochwertige Freiraum- und Baumbestand erhalten.

▭ In Lindlar schließlich sieht das gesamte Gelände einer großen Mülldeponie einer neuen Nutzung entgegen: Hier entsteht ein „Kompetenz-, Lern- und Innovationszentrum für Stoffumwandlung und standortbezogene Umwelttechnologien". Auf einem immerhin gut sieben Hektar umfassenden Teilbereich wird ein nachhaltiges Gewerbegebiet Platz finden, auf dem sich Unternehmen aus den Bereichen Abfallwirtschaft, Stoffumwandlung, Umwelttechnik und regenerative Energien ansiedeln sollen.

Ohne Kümmerer geht es nicht

Die Projekte sind meist auf Fördermittel angewiesen, um voranzukommen; die ökonomische Tragfähigkeit muss sich erst noch erweisen. Wenngleich auch viele technische Fragen schon gelöst sind, so stellen sich vor allem noch organisatorische und Governance-Probleme. Unverzichtbar ist es, dass die Betriebe an einem Standort miteinander kooperieren, um Synergieeffekte zu nutzen, dass Unternehmen und Kommunen im Gespräch bleiben und vor allem eine standortbezogene Strategie umgesetzt wird. Ein Gebietsmanagement („Kümmerer") muss also her, das Kommunen und Unternehmen gleichermaßen akzeptieren, bei dem Informationen zusammenlaufen, das das gemeinsame Handeln organisiert und sich mit Fördertöpfen auskennt.

Das gesellschaftliche Ziel muss es sein, den innerstädtischen Altstandort kulturell zu rehabilitieren, ihn also städtebaulich attraktiver zu gestalten, ihn im Hinblick auf Energieeffizienz und Ressourcenschonung zu sanieren und zu optimieren, stadträumlich und sozial einzubinden und ihn so letztlich auch ökonomisch für Unternehmen interessant zu machen. Das wird nicht funktionieren, ohne die Unternehmen an diesen Prozessen aktiv zu beteiligen und neue Strukturen und Institutionalisierungen von Nachhaltigkeit zu etablieren, die die einmal begonnenen Prozesse verstetigen. Der Begriff der Nachhaltigkeit wird zwar häufig unscharf gebraucht, aber er hat den Vorteil, dass von ihm eine konsensstiftende Kraft ausgeht, die ihn zu einer gesellschaftlichen Leitidee werden lässt, zu einem Schlüsselbegriff für das Zusammenführen von Ökonomie mit umweltverträglichem und sozialem Handeln. Letztlich geht es auch um die Lebensqualität in der Stadt, ohne die Urbanitätsvorteile nichts wert sind. Die nächste Krise der Stadt könnte ihre letzte sein.

Anmerkungen

(1) Vgl. politische ökologie 119: Peak Soil. Die unterschätzte Krise der Böden. München.

(2) Der Wohnflächenkonsum pro Kopf stieg von 35,3 Quadratmeter im Jahr 1991 auf 42,2 Quadratmeter 2008. Damit korrespondiert, dass die Zahl der Haushalte im selben Zeitraum um knapp 14 Prozent zugenommen hat, während die Bevölkerung in Deutschland aber nur um gut zwei Prozent gewachsen und seit 2003 sogar rückläufig ist. Vgl. Statistisches Bundesamt (Hrsg.) (2010): Statistisches Jahrbuch 2010 für die Bundesrepublik Deutschland. Wiesbaden.

(3) In den Jahren 2000 bis 2008 verzeichnete der Einzelhandel mit fast 50 Prozent den größten Zuwachs beim Flächenverbrauch. Vgl. Statistisches Bundesamt (Hrsg.) (2010): Statistisches Jahrbuch 2010 für die Bundesrepublik Deutschland. Wiesbaden.

(4) Umweltbundesamt (2004): Hintergrundpapier: Flächenverbrauch, ein Umweltproblem mit wirtschaftlichen Folgen. Berlin.

(5) Das Modellprojekt wird vom Institut für Landes- und Stadtentwicklungsforschung wissenschaftlich begleitet. www.umwelt.nrw.de/umwelt/pdf/gewerbegebiet_26111.pdf

---

Welches Fossil nehmen Sie mit ins „Postfossilozän"?

Das Fossil Wilhelm Busch, weil er uns mit seiner unnachahmlichen Leichtigkeit klarmacht, dass das Postfossilozän auch ohne den Menschen stattfinden kann: „Hartnäckig weiter fließt die Zeit: Die Zukunft wird Vergangenheit [...]. Sie (die Menschen) plätschern, traurig oder munter, 'n bissel rum, dann gehen's unter und werden, ziemlich abgekühlt, für längre Zeit hinweggespült."

Zum Autor

Frank Betker, geb. 1960, ist Planungs- und Sozialwissenschaftler. Er lehrt Stadtsoziologie an der RWTH Aachen und ist wiss. Angestellter am Institut für Landes- und Stadtentwicklungsforschung (ILS). Seine Arbeits- und Forschungsschwerpunkte sind nachhaltige Stadtentwicklung, Stadtsoziologie sowie Stadt- und Planungsgeschichte.

Kontakt

Dr. Frank Betker
ILS – Institut für Landes- und Stadtentwicklungsforschung gGmbH
Karmeliterstraße 6, D-52064 Aachen
Fon ++49/(0)241/40 99 45 -18
E-Mail frank.betker@ils-forschung.de

Urbanes Leben heute und morgen

„Jeder Lebensstil muss spezifische Antworten finden dürfen"

Während die Politik kaum Anreize für nachhaltige Lebensstile schafft, stehen im Volk Energiesparen und Autarkie hoch im Kurs. Die Kreativen fahren wieder Rad und die „neuen Alten" demonstrieren gegen verschlechterte Bedingungen in ihrer Stadt. Ein Gespräch mit dem Lebensstilforscher Konrad Götz über den demografischen Wandel und die Lebensstile in der Post-Oil City.

Was sind die Merkmale eines urbanen Lebensstils?

Der urbane Raum ist das Labor der Lebensstile. Trotz des Klischees, in der Stadt gehe es vor allem hektisch und schnell zu, leben auch in der Stadt manche Leute eher langsam und traditionell. Was den urbanen Raum aber von der Region abgrenzt, ist die starke Dichte von Lebensstilen. Wer sich im urbanen Raum aufhält, kann Angebote und Qualitäten sehr verdichtet nutzen, die im ländlichen Raum sehr weit verteilt sind und zu denen man lange fahren muss.

Wie lässt sich die Lebensqualität einer Stadt messen?

Am bekanntesten sind die Ratings, die international Städte miteinander vergleichen. Sie sind meist ökonomisch ausgerichtet und fragen danach, welche Stadt ein guter Wirtschaftsstandort ist. Viel wichtiger sind aber die weichen Kriterien, die schwieriger zu operationalisieren sind. Wichtig ist hier erstens, ob die Lebens- und Aufenthaltsqualität in der Stadt so ist, dass sich die Bürgerinnen und Bürger wohlfühlen, ob sie das Gefühl haben, es ist ihre Stadt. Und zweitens, da sind wir wieder bei den Lebensstilen, ob die Stadt eine Vielfalt sozialer Milieus aufweist, ob es Toleranz und Raum zum Beispiel für eher schräge kreative Milieus gibt. Die Vielfalt von Lebensstilen selbst ist auch ein Standortfaktor für eine Stadt, weil sie Kreative anzieht und man davon ausgeht, dass da, wo Kreatives entsteht, später auch ökonomisch wertvolle Ideen und Produkte folgen.

Sind die Agenten des ökologischen Wandels die Kreativen?
In allen Modellen der modernen Lebensstil- und Milieuforschung tauchen kreative Milieus, die den ökologischen Wandel voranbringen, auf. Lange Zeit waren es die sogenannten Alternativen, die dann irgendwann ausgestorben sind. Heute spricht man von einem ökologischen Lebensstil in einer neuen Form, dem Lifestyle of Health and Sustainability, den Lohas, einer kaufstarken Gruppe, die Hedonismus und Ökologie vereinigt. Daneben gibt es in Großstädten immer auch innovative Gruppen, die neue Wohnformen oder neue Designs ausprobieren. Die sind zunächst mal nicht unbedingt auf dem ökologischen Weg, aber das Experimentieren kombinieren sie häufig mit originellen und intelligenten, letztlich auch ökologischen Lösungen. Beispielsweise stehen in der Umgebung von stylischen Werbeagenturen immer kreativ designte Fahrräder, die natürlich nicht unbedingt gefahren werden, weil man besonders viel CO_2 einsparen will, aber solche Moden sind ein Aufsetzen auf Energiespartrends – kreativ genutzt und gewendet.

Welche Impulse gehen von Lohas für die nachhaltige Entwicklung von Städten aus?
Überall, wo Lohas geballt auftreten, entsteht ein Angebot für sie, zum Beispiel für ökologische Kleidung oder alle möglichen Formen der experimentellen Fortbewegung. Außerdem haben sie Geld zum Renovieren ihrer Wohnungen und Häuser und sie sind für energiesparende Technologien aufgeschlossen. Aber egal, was sie konsumieren – die Hauptsache ist, dass es nicht nur moralisch gut, sondern gut gestylt ist, Spaß macht und nützt, auch den Kindern, denn die Lohas haben wieder Kinder.

Wie wirkt sich der demografische Wandel auf den Lebensstil in den Städten aus?
Der demografische Wandel bedeutet dreierlei: eine niedrige Geburtenrate, Migration und ein höheres Durchschnittsalter, also viele Ältere. Die neuen Alten der Mick-Jagger-

Generation sind in allen Großstädten sehr aktiv und initiativ, etwa indem sie Alten-WGs gründen, in Mehrgenerationenhäusern wohnen oder sich für den Umbau alter Fabrikhäuser zu altersgerechten Wohnungen einsetzen. Ältere zieht es generell in die Innenstädte, wo das Leben stattfindet. Und sie leisten Bürgerarbeit. Die neuen Alten sitzen nicht rum und warten bis die Zeit vergeht, sondern sind aktiv, sie achten auf Lebensqualität und wollen mitbestimmen, was in ihrer Stadt passiert. Das geht bis zu den Protesten gegen Stuttgart 21.

Was macht eine ökologische Lebensqualität in der Stadt aus?

Interessant ist, dass die ökologischen Werte momentan positiv gewendet werden, man spricht nicht mehr von Restriktion und Einsparung, sondern nennt es Aufenthaltsqualität in der Stadt, wenn es mehr und sichere Fahrradwege gibt und das Zufußgehen in der Stadt wieder Spaß macht. Ein Beispiel dafür, dass ökologische Lebensqualität in der Stadt nicht nur aus Einschränkungen besteht, findet man in der Schweiz, wo das Tiefbauamt dafür sorgt, dass die Fußgänger nicht nur schöne Wege am Fluß finden, sondern auch Brunnen, an denen sie sich in der Hitze des Tages erfrischen können. Und es hat Plätze geschaffen, wo man flanieren und sich aufhalten kann. Hier ist Mobilität auch mal Stillstand, aber gewollter.

Wie sieht es in Deutschland mit Anreizen für klimafreundliche Lebensstile aus?

Die Städte in Deutschland muss man momentan noch zum Jagen tragen. Zunächst müsste man für die Politik Anreize für ein umweltfreundlicheres Handeln schaffen. Die politische Existenz müsste viel stärker an die Partizipation der Bürger angebunden sein, dann würden Politiker um ihre Wahlstimmen fürchten, wenn sie an den Bedürfnissen der Bewohner vorbeiplanen oder die Lebensqualität in Städten verschlechtern. In Deutschland ist eine viel engere Verbindung zwischen Politik und bürgerschaftlichem Engagement überfällig - schon damit es nicht ganz so konfrontantiv zugehen muss wie in Stuttgart.

Was die Anreize für klimafreundliche Lebensstile angeht, steht im Vordergrund zuzulassen, dass sich Energieeffizienz und Klimaschutz in vielfältigen und lebensstilspezifischen Lösungen ausdrücken, die möglicherweise auch in Konkurrenz zueinander stehen. Auch in Zukunft wird es sehr unterschiedliche Lebensstilgruppen geben, also auch diejenigen, die demonstrativ konsumieren und mit SUVs durch die Stadt fahren.

Es ist wichtig, jedem Lebensstil zu erlauben, seine spezifische Antwort auf politische geforderte Einsparziele und Restriktionen zu finden. Man soll nicht glauben, dass mit einheitlichen CO_2-Zielen auch eine Vereinheitlichung von Lebensstilen entstehen könnte oder soll.

Die Fülle von Lebensstilen ist also auch in der Post-Oil City nicht in Gefahr?
Es können sogar noch mehr werden. Zum Beispiel entstehen durch Einwohnerschwund Stadtbrachen, kleine Lücken wie in Detroit. Zunächst sehen die schrecklich aus, dann aber kommt die Subkultur der Urban Gardener, und es entstehen wieder grüne Flecken in der Stadt. Es kann durchaus sein, dass der demografische Wandel, der Trend zur Energieeinsparung und der ebenfalls sehr trendige Autarkiegedanke zu neuen interessanten Lebensstilen führen wird, die CO_2-arm, aber sehr kreativ und ökologisch sind.

Das Interview führte Helena Obermayr

Zur Person
Konrad Götz, geb. 1953, ist Soziologe und Mobilitätsforscher. Er koordiniert die Lebensstil- und Zielgruppenforschung am Institut für sozial-ökologische Forschung (ISOE).

Kontakt
Dr. Konrad Götz
Institut für sozial-ökologische
Forschung ISOE GmbH
Hamburger Allee 45
D-60486 Frankfurt am Main
Fon ++49/(0)69/707 69 19 21
E-Mail goetz@isoe.de

ROHBAU

Städte sind von jeher auch Orte der Hoffnung auf eine bessere Zukunft und Motoren für Innovationen. Optimistisch stimmt, dass es kaum eine große Stadt gibt, die nicht überlegt, wie nachhaltig sie in 30 Jahren sein kann. – Wodurch zeichnet sich eine Ökopolis aus? Warum ist es 2040 nicht mehr lebensgefährlich, in den Städten zu Fuß zu gehen? Wie reagiert die zukunftsfähige Stadt auf veränderte Arbeits- und Familienformen?

Neues Modell der modernen Stadt

Von der Petropolis zur Ökopolis

Von Herbert Girardet

Klimawandel und Ressourcenzerstörung gehen zu einem außerordentlich hohen Anteil auf das Konto der Motoren des Wirtschaftswachstums – der Städte. Eine zukunftsfähige Stadt hingegen lebt in einer regenerativen Beziehung zur Natur. Die Entwicklung zur „Ökopolis" braucht vor allem den Mut der Politik.

Die heutige Stadt ist ein völlig anderer Organismus als die Stadt der Vergangenheit. Sie ist ein Produkt der Globalisierung, mit allen Vor- und Nachteilen, die sich daraus ergeben haben. Nun geht es darum zu überlegen, wie eine moderne, städtische Welt existieren kann, ohne die Biosphäre zu zerstören, von deren Wohlsein sie letztlich abhängt.

In seinem Buch „Der isolirte Staat" zeigte der deutsche Geograf Johann Heinrich von Thünen 1826, in welcher Weise Städte damals in ihre umliegende Landschaft eingebettet waren, die sie mit allen Notwendigkeiten versorgte. In unmittelbarer Nähe war die Stadt umringt von Gemüse- und Obstgärten. Weiter draußen lag der Stadtwald: Holz ist schwer und Städte brauchten Holz als Brenn- und Baustoff, deshalb war es wichtig, dass der Wald in der Nähe lag. Weiter draußen gab es die Felder für den Anbau von Getreide und anderen Bodenfrüchten, und noch weiter entfernt lagen Weiden für Schafe, Kühe und Pferde. Dieses Konzept der Stadt, die eine unmittelbare Beziehung zu ihrer Umwelt hatte, nenne ich „Agropolis" (vgl. Abb.1).

Besonders wichtig für ihre langfristige Beständigkeit der Stadt der Vergangenheit war, dass ihre natürlichen biologischen Abfälle immer wieder auf die Felder zurückgeführt wurden, um diese für künftige Ernten fruchtbar zu erhalten. So hatten Städte eine symbiotische Beziehung zu der sie umgebenden Landschaft - Agrikultur und Agropolis waren so letztlich zu einer Einheit gekoppelt.
Manche Städte, wie Hamburg oder Amsterdam, konnten durch ihre günstige Lage an Flüssen oder am Meer Handelsbeziehungen entwickeln, die weit über ihre Region hinausreichten. Aber erst die seit der industriellen Revolution entwickelten Techniken haben Städte in ein globales Handelssystem eingebunden. Die moderne Stadt ist für ihre Existenz nicht mehr von ihrer unmittelbaren Umgebung abhängig, sondern in ein Produktionsnetzwerk verwoben, das inzwischen die ganze Erde umspannt.

Hauptopfer des Klimawandels

Mit der industriellen Revolution begann eine radikale Veränderung in der Beziehung zwischen Stadt und Natur. Die Entwicklung des Kohlebergbaus stellte der Menschheit eine völlig neue Energiequelle zur Verfügung. Öl und Gas haben diese Entwicklung weiter beschleunigt. Heute leben wir nicht in Agropolis, sondern in „Petropolis" (vgl. Abb. 2).

1 Agropolis

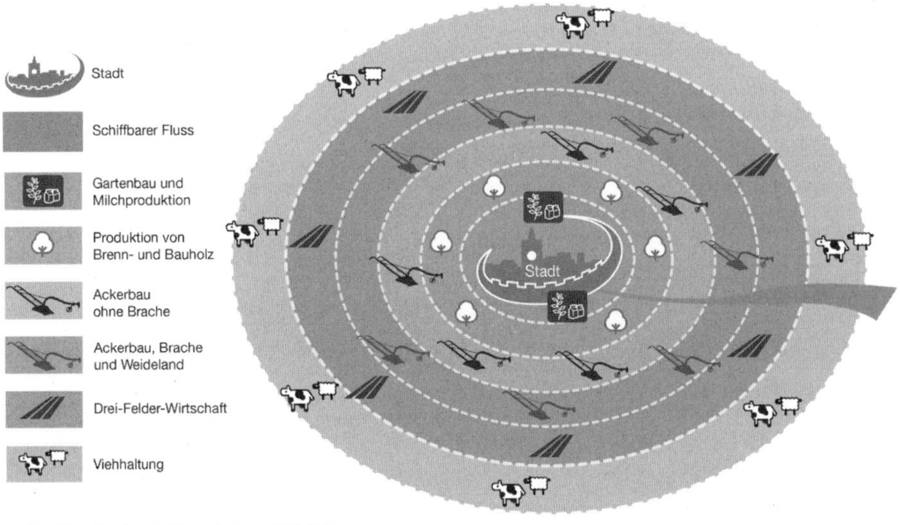

_ Quelle: Herbert Girardet und Rick Lawrence

Unsere Städte sind für alle Aspekte ihrer Existenz auf den routinemäßigen Verbrauch von fossilen Brennstoffen angewiesen. Heute sind nicht nur Hafen- und Handelsstädte wie etwa Hamburg oder Rotterdam, sondern alle modernen Städte hinsichtlich ihrer Ernährung, ihrer Energieversorgung, ihres Transports und auch ihrer Wasserversorgung von fossilen Brennstofftechniken abhängig. Die Städte der Welt verbrauchen rund 80 Prozent der jährlichen Produktion von Öl, Gas und Kohle, mit weiter wachsender Tendenz. Der Energieverbrauch unserer Städte ist damit ein Hauptverursacher des Klimawandels, und in Zukunft werden sie bei steigenden Meeresspiegeln auch sein Hauptopfer sein, und das betrifft ganz besonders die großen Küstenstädte der Welt.

Die Welt wird urban: Heute, im Jahr 2011, leben 50 Prozent der Weltbevölkerung in Städten und bis zu 80 Prozent in den reichen Ländern. Im Jahr 1800 war London mit etwa einer Million Menschen die größte Stadt der Welt. Dann wuchs die Hauptstadt des Landes, in dem die fossile Brennstofftechnik entwickelt wurde, in 140 Jahren zu einer Bevölkerung von über acht Millionen Menschen. Wir sehen hier geleichsam den Prototyp einer nicht-nachhaltigen Stadtentwicklung auf der Basis fossiler Brennstofftechniken. Inzwischen gibt es 500 Städte mit über einer Million Menschen und 20 Städte von zehn

2 Petropolis

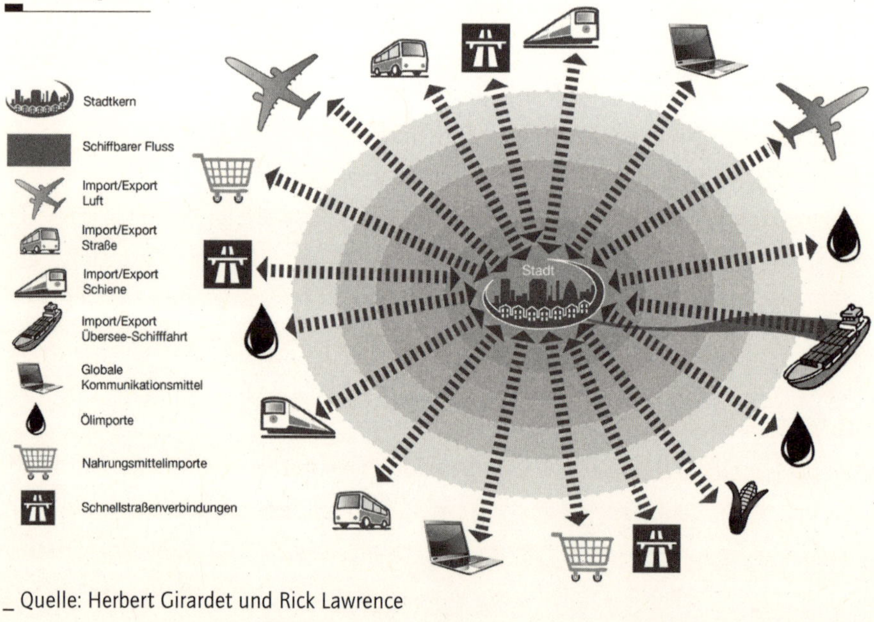

_ Quelle: Herbert Girardet und Rick Lawrence

„Die Stadt mit Zukunft muss pflanzliche Nährstoffe, aber auch den Kohlenstoff, der in Bioabfällen enthalten ist, wieder an die Natur zurückgeben, um deren langfristige Existenz zu garantieren.“

bis 20 Millionen Bewohner(inne)n. Die Stadtregionen von Tokio, Seoul und Chongqing beherbergen inzwischen sogar über 30 Millionen Menschen. Das ist eine nie da gewesene Situation.

Heute sind wir am anderen Ende einer historischen Periode, die eine auf fossilen Brennstoffen basierende Stadtentwicklung möglich gemacht hat. Einerseits gibt es vorwiegend wohlhabende Großstädte wie London, New York oder Hamburg, anderseits Megastädte wie Mumbai, Dhaka oder Lagos, in denen bis zu 50 Prozent der Bevölkerung in Slums leben. Natürlich verbrauchen diese Städte pro Kopf viel weniger fossile Brennstoffe als die Städte in reichen Ländern, dennoch sind auch sie letztlich absolut abhängig von der routinemäßigen Verwendung von Kohle, Öl und Gas.

Petropolis funktioniert im Großen und Ganzen als lineares System: Sie entnimmt der Natur riesige Mengen von Ressourcen, verwendet diese in einer Vielzahl von industriellen Produkten und gibt dann Abfälle aller Art an die Natur ab, die diese meist nur schlecht verdauen kann. Die Natur selbst dagegen ist ein zirkuläres System, alle ihre Abfallstoffe werden von der lebenden Natur absorbiert, um neues Wachstum zu ermöglichen. Und genau so sieht das Modell für die „Stadt mit Zukunft" aus: Pflanzliche Nährstoffe, aber auch der Kohlenstoff, der in Bioabfällen enthalten ist, müssen wieder an die Natur abgegeben werden, um deren langfristige Existenz zu garantieren.

Aufs Neue in die Landschaft eingebettet

Auf der ganzen Welt sind Städte, und besonders Großstädte, Motoren des Wirtschaftswachstums und Zentren des globalen Handels. Doch im Zeitalter des Klimawandels und der Naturzerstörung müssen Städte eine dynamische neue Rolle spielen. Es geht deshalb darum, die entscheidende notwendige Verantwortung unserer Städte für den globalen

Klima- und Umweltschutz neu zu formulieren: Als Subsysteme von Nationalwirtschaften müssen Städte entscheidend zur Regeneration gefährdeter oder bereits zerstörter Ökosysteme beitragen. Hier stellt sich die Frage: Wie lässt sich dies herbeiführen? Wir brauchen ein neues Modell der modernen Stadt. Die Stadt mit Zukunft möchte ich hier „Ökopolis" nennen: Sie ist von der Notwendigkeit einer regenerativen Beziehung zur Natur geprägt. Gleichzeitig ist sie jedoch auch eine wirtschaftlich aktive Stadt, besonders in Bezug auf Umwelttechnik und erneuerbare Energien.

Ökopolis hat einen kleinen ökologischen Fußabdruck, gekennzeichnet vom Konzept des „One Planet Living". (1) Sie ist nicht nur energieeffizient, sondern -suffizient: Der Pro-Kopf-Verbrauch an Energie ist in klaren Grenzen zu halten. Die Schweizer Initiative, den Pro-Kopf-Verbrauch durch systematische Maßnahmen in Haushalten, im Verkehr und beim allgemeinen Konsum von 6.000 auf 2.000 Watt zu reduzieren – die Förderung der sogenannten 2.000-Watt-Gesellschaft – ist vielleicht das greifbarste Beispiel, das in Europa dafür zu finden ist.

3 Ökopolis

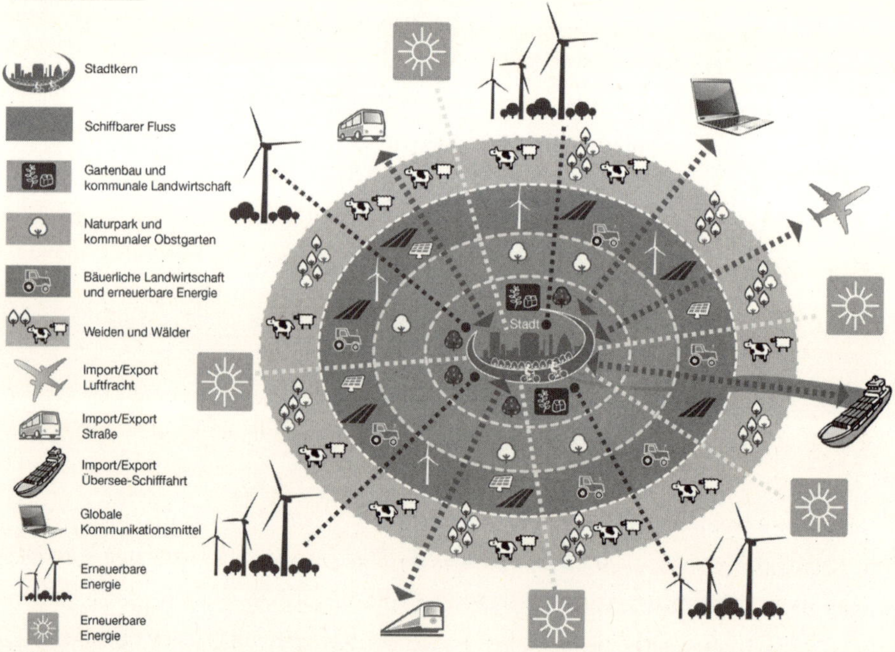

_ Quelle: Herbert Girardet und Rick Lawrence

Null-Emissions-Häuser und -Transportsysteme prägen das Bild der Ökopolis. Die Stadt versorgt sich überwiegend mit erneuerbaren Energien aus ihrem eigenen Stadtgebiet und aus stadtnahen Landflächen. Kleinere Städte wie bereits heute Dardesheim im Harz können sogar erneuerbare Energie exportieren und an nahe gelegene größere Städte verkaufen. Ökologisches Wirtschaften ist die Basis der städtischen Existenz. Entsprechende nationale Signale der Politik geben der Stadt die Möglichkeit, eine Vielfalt von neuen wirtschaftlichen Aktivitäten zu entwickeln, die auf den in der Region vorhandenen Ressourcen aufbauen.

Ökopolis hat einen zirkulären Stoffwechsel: Biologische Abfälle werden kompostiert, um eine nachhaltige Landwirtschaft um die Stadt herum zu ermöglichen. Biogas wird zur Strom- und Wärmeerzeugung genutzt. Technische Abfälle wie Metalle, Glas und Kunststoffe werden in einem technischen Kreislauf getrennt recycelt und zu neuen Produkten verarbeitet.

Ökopolis ist eine aufs Neue in die umliegende Landschaft eingebettete Stadt. Die Regeneration von Waldgebieten dient besonders auch zur Absorption von Kohlendioxid als konkrete Möglichkeit, um seinen Anteil in der Atmosphäre zu reduzieren: Die jährliche globale CO_2-Produktion, die besonders durch unsere Städte verursacht wird, ist etwa doppelt so hoch wie die Fähigkeit der Natur, das Gas zu absorbieren. Die Stadt als System muss also im eigenen Interesse konkret dazu beitragen, nicht nur die Natur zu erhalten und Klimaveränderungen zu vermeiden, sondern Naturzerstörung wieder rückgängig zu machen.

Peak Globalisation und Ökopolis

Die Idee der Einbettung der modernen Stadt in die umliegende Landschaft ist nicht ein Produkt des Wunschdenkens. Vielmehr ergibt sie sich aus realen Entwicklungen neuer technischer Möglichkeiten wie der Solar- und Windenergie und der Biogastechnologie und ebenso aus der Tatsache, dass die immer weitere Verteuerung von fossilen Brennstoffen den globalen Transport von vielen Produkten, besonders von Lebensmitteln, in Frage stellt (vgl. S. 61 ff.). Man kann in diesem Zusammenhang nicht nur von Peak Oil, sondern auch von Peak Globalisation sprechen. Das soll aber nicht bedeuten, dass Ökopolis der Welt den Rücken kehrt. Im Gegenteil, die Möglichkeiten der moderne Kommunikationstechnik werden den globalen Austausch von Ideen eher noch beschleunigen (vgl. Abb. 3).

Es gibt viel zu tun. Dabei geht es nicht nur darum, die Stadt als Input-Output-System neu zu konzipieren, sondern auch nationale gesetzliche Maßnahmen zu treffen, die solche Entwicklungen ermöglichen. Deutschland hat mit dem Kreislaufwirtschaftsgesetz und der Einspeisegesetzgebung für erneuerbare Energie einen guten Anfang gemacht. Inzwischen haben über 50 Länder verschiedene Versionen des Einspeisegesetzes eingeführt, die besonders auf lokaler Ebene Anwendung finden. Aber dies ist nur ein Anfang. Durch eine breite Skala von neuen Gesetzen und natürlich auch durch Anreize zur Verhaltensveränderung der Bürger(innen) können Städte in aller Welt eine neue Existenzbasis finden. Das hier vorgestellte Konzept der Ökopolis als regenerative Stadt soll dazu einen Beitrag leisten. (2)

Am Anfang und am Ende steht die Frage, in welcher Weise sich die Stadt, und besonders die globale Handelsstadt, neu verstehen muss – nicht nur als nachhaltiges, sondern als regeneratives System. Wir alle sind gefordert, die Entwicklung von der Petropolis zur Ökopolis, der Stadt mit Zukunft, aktiv zu durchdenken und zu gestalten. Zukünftige Generationen werden es uns nicht verzeihen, wenn wir ihnen eine Welt hinterlassen, die ihnen wegen unserer modernen städtischen Lebensweise und der damit verbundenen Umweltzerstörung und Klimaveränderung, ihre Existenzbasis entzieht.

Anmerkungen

(1) www.oneplanetliving.org

(2) World Future Council (2010): Regenerative Cities. Hamburg. Download unter www.worldfuturecouncil.org

Welches Fossil nehmen Sie mit ins „Postfossilozän"?

Da nehm ich ein Stück Kohle mit/Damit ich immer daran denk/Wie sehr die Erde drunter litt/An ihrem feurigen Geschenk/Das sie uns übergeben hat/Doch ohne es zu wissen/Was dann die Menschheit damit tat: Wir haben sie beschissen.

Zum Autor

Herbert Girardet, geb. 1943, ist Autor, Filmemacher und Umweltaktivist. Er ist Mitbegründer des World Future Council. Sein neues Buch, „Neue Energien freisetzen", erschien 2010 im Rotpunktverlag.

Kontakt

Herbert Girardet
World Future Council
Mexikoring 29
D-22297 Hamburg
Fon ++49/(0)40/30 70 91 40
www.worldfuturecouncil.org

Null-Emissionen-Stadt Masdar City

Ein Stadtteil auf energetischer Sparflamme

Von Matthias Schuler

2020 soll es fertiggebaut sein: das erste energieautarke Stadtviertel der Welt, Masdar City in Abu Dhabi. Wie das Straßengitter aussieht und welche Fassaden die Gebäude haben, hängt vor allem von Sonneneinstrahlung und Wind ab. Damit ist Masdar City auch ein planerisches Vorbild für die Baukultur von morgen.

Der ökologische Fußabdruck der Menschheit hat sich seit 1961 verdreifacht, und mittlerweile überschreitet unser Lebensstil die Regenerationsfähigkeit der Erde um 25 Prozent. Der größte Anteil am Fußabdruck entfällt auf die Gewinnung und Nutzung von Energie. Das Heizen, Kühlen und Beleuchten von Gebäuden, in denen wir leben und arbeiten, verursacht etwa 40 Prozent des weltweiten Primärenergiebedarfs. Die Erkenntnis, dass dieser Energieverbrauch negative Auswirkungen hat, erhöht auch die Verantwortung des sogenannten Climate Engineering bei der Planung neuer Gebäude und – wie im Fall von Masdar City – ganzer Stadtteile. Der Fokus liegt auf der größtmöglichen Energieeffizienz beim Neubau. Nach einer Verwirklichung der Planung könnte das Vorzeigemodell Masdar City der Nachahmung dienen und so globale Wirkung zeigen.
Masdar City im arabischen Emirat Abu Dhabi ist als führendes Forschungs- und Entwicklungszentrum für die Verwendung und Nutzung regenerativer Energiequellen geplant und soll vollständig durch Erneuerbare versorgt werden. Von der Universität Masdar Institute of Science and Technology sind seit dem Baubeginn 2008 inzwischen 50.000

Quadratmeter gebaut. Das Designteam, das sich aus Architekt(inn)en, Planer(inne)n für Verkehr, Versorgungstechnik und erneuerbare Energiesystemen sowie aus Klimaingenieur(inn)en zusammensetzte, entwickelte einen neuartigen gesamtheitlichen Planungsansatz für nachhaltige Städteplanung. Die sechs Quadratkilometer große Stadt in Abu Dhabi wird nach den „WWF One Planet Living Sustainability Standards" gebaut und bis zur Fertigstellung im Jahr 2020 rund 50.000 Bewohner(inne)n Lebensraum bieten. Die festgelegten ökologischen Zielwerte sollen die Anforderungen der zehn Nachhaltigkeitsprinzipien des WWF – darunter umweltschonender Transport, nachhaltiger Umgang mit Lebensmitteln und Wasser sowie fairer Handel – sogar noch übertreffen, etwa indem Masdar CO_2-emissionslos und durch konsequentes Recycling aller Materialien abfallfrei sein wird. Der Planungsansatz soll Wohnen und Arbeiten in einer sich selbst versorgenden nachhaltigen Stadt verbunden mit einem modernen verantwortungsbewussten Lebensstil ermöglichen.

Alle umweltbelastenden Faktoren verbannen

Der erste Schritt des Climate Engineers ist immer, die Umgebungssituation der Gebäude und deren Ausrichtung sowie alle zur Verfügung stehenden Wetterdaten zu analysieren. Für die Planung in Masdar wurden auch die Lärmbelastung und Schadstoffemissionen durch den nahe gelegenen Flughafen erfasst, um Schutzmaßnahmen ableiten zu können. Im zweiten Schritt galt es, die kulturellen Hintergründe zu untersuchen und die in der Region üblichen Stadtplanungen und Gebäude genauer zu betrachten. Für Masdar stellten Dubai und Muskat die historisch entwickelten Bezugsstädte dar. In einem vergleichbaren Klima gebaut, zeigen sie bestimmte Muster: So sind die Gebäude beispielsweise nur durch sehr schmale Straßen respektive Gassen getrennt und die Plätze sind verschattet, damit wenig Sonne eindringen kann und das Klima erträglich bleibt.

Die städtische Verdichtung ist die wichtigste Maßnahme für die nachhaltige Städteplanung in Masdar City. Sie trägt am stärksten dazu bei, den Energiebedarf in dem feuchtheißen Klima am Persischen Golf zu minimieren. Der gesamte Energieverbrauch speist sich aus erneuerbaren Energiequellen, unter ihnen ein eigenes Solarkraftwerk und ein Kranz von Windkrafträdern.

Die Nutzungsmöglichkeiten der Energiequellen Sonne, Wind und Geothermie vor Ort sind allerdings begrenzt, also lag ein Hauptaugenmerk darauf, den Bedarf an Energie zu reduzieren. Ein nachhaltiger Ansatz lässt sich jedoch nicht ausschließlich durch tech-

> **„Ein nachhaltiger Planungsansatz lässt sich nicht ausschließlich durch technische Lösungen verwirklichen, sondern erfordert ein Überdenken des Lebensstils.“**

nische Lösungen verwirklichen, sondern erfordert ein Überdenken des Lebensstils. Das bedeutet beispielsweise Verhaltensänderungen in Bezug auf Mobilität – es wird keinen Individualverkehr in der Stadt geben –, auf den Wasserverbrauch, etwa durch wasserlose Toiletten, und den Konsum – da Masdar abfallfrei sein wird, darf nur konsumiert werden, was in Masdar selbst produziert wurde, damit die Kreisläufe geschlossen bleiben.
Der Anspruch auf CO_2-Neutralität für Masdar erforderte, alle umweltbelastenden Faktoren aus der Stadt zu verbannen, also auch Autos mit Verbrennungsmotoren. An deren Stelle werden auf Nachhaltigkeit ausgelegte und aufeinander abgestimmte öffentliche Verkehrsmittel die Menschen von A nach B bringen. Dass es keine mit fossilen Brennstoffen betriebenen Fahrzeuge im Inneren geben wird, reduzierte den Bedarf an Belüftung der Stadt und vereinfachte es, für Frischluft und kühle Brisen zu sorgen. Hierzu sind die vorherrschenden Windrichtungen zu beachten und Temperaturschwankungen im Jahresverlauf zu berücksichtigen. Gleiches gilt, um über eine geschickte Ausrichtung des Straßengitters sogenannte Hitzeinseln zu vermeiden, beispielsweise geteerte Plätze, die den ganzen Tag über Sonne auffangen und auch in der Nacht eine höhere Temperatur abstrahlen als ihre Umgebung.

Windtürme und Frischluftschneisen

Die klimatischen Bedingungen in Abu Dhabi mit hohen Außentemperaturen und Luftfeuchtigkeit im Sommer und dem Sonnenstand im Zenit erfordern spezifische Richtlinien und Empfehlungen. Mithilfe von Modellen untersuchte Transsolar für das Designteam, inwieweit der über die Stadt streichende Wind Luft in die Straßenschluchten einbringt respektive wie sich die Temperatur mit und ohne Wind entwickelt. Die Ergebnisse erlaubten Rückschlüsse auf die sinnvolle Gestaltung der Piazzas sowie Länge und Breite der Straßen. So vermeidet etwa eine eng gestellte schattenspendende Bauweise, dass Wärme entsteht, die nur mit großem Energieaufwand wieder beseitigt werden kann.

Detailliertere Modelle waren nötig, um den dynamischen Verlauf der klimatischen Bedingungen der Straßen und Piazzas auf den ebenerdigen Arkaden zu untersuchen. Regeln ließen sich entwickeln für das Entstehen eines sogenannten Cold-Island-Effekts, dem Absenken der Umgebungstemperatur beispielsweise durch eine Neuinterpretation des historischen Windturmes der Emirate. Dieser innen hohle Turm beschattet zum einen die Straße, zum anderen aber leitet er den kühlen Abendwind durch eine Öffnung im oberen Teil nach unten auf die Straße. Gleichzeitig fungiert er als Belüftungselement, indem er die warme Abluft durch die obere Öffnung ableitet. Messungen der bereits bebauten Fläche der Universität Masdar Institute of Science and Technology beweisen eine erfolgreiche Umsetzung des angestrebten Cold-Island-Effekts.
Das entwickelte Stadtraster erfüllt die Anforderungen an Luftqualität und optimiert das lokale Klima. Dabei sind Straßen nicht nur Verbindungswege, sondern dienen der Luftverteilung und dem Schutz des Mikroklimas. Zwei Parkanlagen ziehen sich als notwendige Frischluftkorridore durch die Stadt und erlauben sowohl der Meeresbrise als auch dem kühlen Nachtwind den Eintritt in die Stadt.

Licht ohne Schatten

Sonnenlicht ist nötig für das menschliche Wohlbefinden. Wegen der hohen Einstrahlungswerte in Abu Dhabi müssen Innen- und Außenräume sinnvoll verschattet werden, sollen aber nicht zu stark verdunkelt sein. Um mit generischen Gebäudemodellen den Einfluss von Straßenbreiten und Innenhofdurchmessern, Gebäudehöhen und des Glasfassadenanteils berechnen zu können, bestimmten die Fachleute zunächst die Ausleuchtung bei verschiedenen Straßenbreiten und Ausrichtungen. Die Auswertungen brachten das Designteam zum Entschluss, die Gebäude durch die Innenhöfe mit Tageslicht zu versorgen, und nicht durch Fassadenöffnungen zur Straße hin. So können die Straßen eng ausfallen und ein thermischer Komfort in Form angenehmer Kühle lässt sich dort leichter erzielen. Je nach Gebäudenutzung wird der Innenhof entweder mit beweglichen Verschattungen oder mit Sonnenschutz an den Fassadenöffnungen geplant, um vor hohen Temperaturen zu schützen.
Die Gestaltung der Stadt bestimmt das Stadtklima und entscheidet darüber, ob ein City-Heat- oder ein Cold-Island-Effekt eintritt. Somit ist die Gestaltung einer Stadt auch ein wichtiger Einflussfaktor für die sogenannte Gebäudelast, die Summe aller thermischen Einwirkungen auf ein Gebäude. Diese ist wiederum abhängig von Wind und Sonnen-

einstrahlung, von der Bauweise und auch der Wärme, die im Raum erzeugt wird. So benötigte jede Gebäudetypologie - ob Büros, Laboratorien, Wohngebäude oder Einkaufseinrichtungen - eine separate Modellierung, die interne Nutzungsprofile und stündliche Wetterdaten von Abu Dhabi berücksichtigt. Eine dynamische Gebäudelastsimulation bestimmte die Werte der stündlichen Lasten für die Luftkonditionierung und den Elektrizitätsbedarf. In drei Schritten wurden die Randbedingungen für die endgültigen Gebäudetypologien festgelegt. Die Ergebnisse waren wesentliche Vorgaben für die Planung der zentralen Systeme und der Auslegung der Versorgungsinfrastruktur.

Energiebedarf um 80 Prozent reduziert

In der globalen Bewertung ist Solarenergie die Lösung für Abu Dhabi. Als Musterkonzept einer CO_2-neutralen Stadt erstellt lassen sich das Energiekonzept und die entwickelten Lösungen für Speicherung und Verteilung von Sonnenenergie auch bei einer geringeren solaren Einstrahlung grundsätzlich anwenden. Vonnöten ist lediglich eine Anpassung an örtliche Gegebenheiten.

Der Plan, Masdar nachhaltig zu bauen, beinhaltet, den Energiebedarf um 80 Prozent zu reduzieren. Das hat ernste Folgen für alle Gebäudetypen und beeinflusst nicht nur die Bauweise, sondern auch die Ausstattungen der Gebäude und resultiert in verschärften Vorgaben, die im Bebauungsplan festgelegt sind, beispielsweise in Bezug auf die Dämmwerte der Gebäude oder die Verwendung von Pumpen mit niedrigstem Energieverbrauch. Dadurch wurde der Energiebedarf auf die Menge reduziert, die Masdar City durch erneuerbare Quellen erzeugen kann.

Die folgenden drei Schritte machen Masdar City zu einer nachhaltigen Stadt mit CO_2-neutralem Betrieb: Der erste Schritt war die Reduzierung der Gebäudelasten durch Strategien wie die Ausrichtung von Straßen oder die Gestaltung von Fassaden, die den Primärenergiebedarf im Vergleich zum heutigen Abu-Dhabi-Standard um 40 Prozent senkte. Die Optimierung der Zuliefersysteme und der Energiebedarfsstrategien ermöglichte eine weitere Einsparung um 30 bis 40 Prozent. In einem letzten Schritt verringern erneuerbare Energien und Strategien zur aktiven Wiedergewinnung den Primärenergiebedarf um die restlichen 20 bis 30 Prozent.

Sich an der Planung von Masdar City zu beteiligen, hat den Erfahrungshorizont aller im Designteam erweitert. Die Herausforderung war, die höchstmöglichen Zielwerte für Energieeinsparung und Komfortsicherung festzusetzen, um eine nachhaltige Stadt mit höchstmöglicher Autarkie planbar zu machen, die es so bislang noch nicht gibt. Keine große Stadt auf der Welt überlegt nicht, wie sie 2030 aussehen möchte. In derlei Überlegungen können, ja sollten die Erfahrungen, die man in Masdar City bei der Gestaltung eines energieautarken Stadtviertels gemacht haben wird, einfließen. Denn angesichts der überschrittenen Regenerationsfähigkeit der Erde bleibt nicht mehr viel Zeit für langwieriges Ausprobieren.

Welches Fossil nehmen Sie mit ins „Postfossilozän"?

Wir nehmen die Dinosaurier mit ins Postfossilozän, damit sie uns daran erinnern, wie viel totes Gewicht wir mit uns herumtragen – im Durchschnitt elf Tonnen CO_2 pro Bundesbürger –, und wie gigantisch unser ökologischer Fußabdruck ist. Und wir wissen alle, dass Dinosaurier schlussendlich ausgestorben sind.

Zum Autor

Matthias Schuler, geb. 1958, hat Maschinenbau studiert und ist Gründer sowie Geschäftsführer der Firma Transsolar, die Masdar City mitgeplant hat. Außerdem lehrt er Umwelttechnik an der Graduate School of Design der Universität Harvard, seit 2008 als außerordentlicher Professor.

Kontakt

Matthias Schuler
Transsolar Energietechnik GmbH
KlimaEngineering
Curiestraße 2
D-70563 Stuttgart
Fon ++49(0)711/67 97 60
E-Mail transsolar@transsolar.com

Städte als Hoffnungsträger

Globale Probleme suchen urbane Lösungen

Von Bernhard Stratmann

Städte sind nach wie vor Orte der Emanzipation, der Freigeister und des gesellschaftlichen Wandels. Und sie verfügen über die notwendigen Ressourcen – Wissen, technische Innovation, Kreativität oder auch politische Macht –, um den Übergang zu einer postfossilen Kultur zu meistern.

Seit jeher hat die Menschheit ihre Hoffnungen auf ein besseres Leben, auf einen steigenden Lebensstandard und auf ein Mehr an Lebensqualität auf die Städte projiziert. Mit Städten haben sich Menschen Orte geschaffen, an denen sie ihre elementaren, sozialen und kulturellen Bedürfnisse besser als anderswo erfüllen können. Athen und Rom sind bedeutende antike Beispiele hierfür. Stadtgröße und prachtvolle Bauwerke dienten der Demonstration weltlicher Macht und gottgewollter Herrschaft. Die Fundamente heutiger Wissenschaften wurden hier gelegt, Vorstufen von Demokratie und modernem Rechtssystem erprobt.

Im Mittelalter hieß es: „Stadtluft macht frei." In den ungebundenen Städten gelang dem Bürgertum allmählich die Loslösung aus der feudalen Ordnung, die schließlich die gesamte Gesellschaft erfasste. Auch heute zieht es in den Ländern des globalen Südens viele Menschen in die Großstädte. Und in den Industrieländern fliehen nach wie vor besonders Jüngere und Leute mit alternativen Lebensmodellen aus der dörflichen oder

kleinstädtischen Enge in die Großstädte. Der Soziologe Georg Simmel arbeitete bereits 1903 in seinem Essay „Die Großstädte und das Geistesleben" beeindruckend klar heraus, dass ein urbanes Umfeld die Individualisierung und damit auch die Pluralisierung der Lebensstile fördert, sodass dem gesellschaftlichen Wandel der Weg bereitet wird.
Heute steht die Gesellschaft vor dem Problem des Klimawandels, der Ressourcenverknappung, des globalen Bevölkerungswachstums und der daraus resultierenden Notwendigkeit einer Energiewende (vgl. S. 16 ff.). (1) Angesichts dessen ist zu fragen: Kann die Menschheit erneut ihre Hoffnungen auf die Städte setzen? Mittlerweile ist es das Menschheitsthema Nachhaltigkeit, das einen starken Stadtbezug aufweist und Städte vor große Herausforderungen stellt. Städte sind aber auch diejenigen Orte, an denen sich die unterschiedlichsten Lösungsansätze modellhaft realisieren lassen. Zu den inzwischen weltweit zahlreichen Beispielen gelungener städtebaulicher Praxis gehören die Wohnanlagen Christie Walk in Adelaide und Beddington Zero Energy Development in London sowie der Stadtteil Vauban in Freiburg.

Win-win statt gegenseitiger Schädigung

„Städte sind nicht das Problem, sondern die Lösung", so könnte man den gern zitierten Ausspruch von Carol Coletta ins Deutsche übersetzen. Die Vorsitzende der US-amerikanischen Vereinigung CEOs for Cities will damit nicht zum Ausdruck bringen, dass Städte keine Probleme hätten oder keine verursachten, die sich auch auf ihr Umland auswirkten. Städte, besonders die großen unter ihnen, waren schon immer die Motoren technischer, sozialer, politischer und kultureller Innovationen. Das Land profitiert dabei langfristig von den Neuerungen, die aus der Stadt kommen – allerdings schluckt es auch viel Müll und Schadstoffe, die im Stadtraum erzeugt werden. Gleichzeitig hat das Land stets viele Ressourcen für die Städte zur Verfügung gestellt – von der Nahrung über Rohstoffe bis hin zu Bewohner(inne)n, Konsument(inn)en und Arbeitskräften.
Im Zeitalter des global hohen Nachhaltigkeitsdrucks geht es daher auch um eine Neugestaltung des Stadt-Land-Verhältnisses: Win-win-Situationen müssen an die Stelle gegenseitiger Schädigung und Ausnutzung treten. Wie das gelingen kann, dafür beschreibt die Agenda 21 vielfältige Handlungsmöglichkeiten. Die 1992 in Rio de Janeiro auf dem Erdgipfel beschlossene Nachhaltigkeitsstrategie sieht in den Städten einen idealen Ausgangspunkt, um das Motto „global denken, lokal handeln" umzusetzen. Denn anders als andere Einheiten wie die Region besitzen Städte als politisch-administrative Einheiten

bereits den Status eines kollektiven Akteurs. Andere Akteure, zum Beispiel Bürgerinitiativen, lokale Verbände und Vereine, können mit diesem handlungsstarken Akteur gemeinsame Zielsetzungen vereinbaren und verwirklichen.
Städte sind auch diejenigen Orte, an denen sich das, was der Begriff Wissensgesellschaft ausdrücken will, am ehesten fassen lässt. Es sind die sogenannten kreativen Milieus, die den „Rohstoff" Wissen reichhaltig - und häufig betriebs- wie volkswirtschaftlich gewinnbringend - produzieren. Sie sind im urbanen Raum am ehesten anzutreffen, weil das urbane Flair und die Vielfältigkeit der Großstädte sie magisch anziehen. Zugleich scheinen sie die Städte zu brauchen, um ihre Kreativität stets aufs Neue entwickeln zu können. Auch beflügeln sich einzelne Milieus gegenseitig, was nur im großstädtischen Kontext im unmittelbaren Kontakt möglich ist.

„Dass die städtische Infrastruktur im Vergleich zu derjenigen in dünn besiedelten oder zersiedelten Regionen die bessere Auslastung hat, ist kein Plädoyer für die Zwangskollektivierung von Individuen oder die Aufgabe ländlicher Siedlungsräume."

Ein weiterer wichtiger Aspekt ist, dass erst in Städten ab einer bestimmten Größe genügend Angehörige bestimmter Lebensstilgruppen leben, damit sich Bioläden, Programmkinos oder Kulturvereine überhaupt sinnvoll beziehungsweise rentabel betreiben lassen. Hinzu kommt, dass auch die Infrastruktur in urbanen Verdichtungsräumen preisgünstiger bereitgestellt werden kann, als dies in dünn besiedelten Räumen möglich ist, da die Nutzerzahlen in der Stadt größer sind und damit die Pro-Kopf-Kosten für die Infrastruktur geringer sind als auf dem Land. Straßen oder Bahntrassen, deren Erstellung mit einem erheblichen Ressourceneinsatz einhergeht, erfordern auf der Pro-Kopf-Ebene betrachtet weniger Ressourcen, wenn sie in verdichteten Räumen von vielen Menschen genutzt werden. Dass die städtische Infrastruktur im Vergleich zu derjenigen in dünn besiedelten oder zersiedelten Regionen die bessere Auslastung hat, ist jedoch kein Plädoyer für die Zwangskollektivierung von Individuen oder die Aufgabe ländlicher Siedlungsräume. Gesellschaften sind gut beraten, wenn sie die freie Wohnstandortwahl nicht einschränken; selbst autoritäre Systeme waren hierin langfristig erfolglos. Gesellschaften sollten aber auch keine unnötigen Mobilitätszwänge erzeugen. Demokratisch organisierte Abwägungsprozesse sind hier erforderlich. Denn die Wahlfreiheit der Wohnform ist ein hohes Gut, dessen Gewährleistung mit Regulation einhergehen muss, sonst setzen sich am Wohnungsmarkt nur die Starken durch und eine rücksichtslose Zersiedlung der Landschaft wäre überdies vorprogrammiert. Beides würde schlussendlich den Freiheitsgedanken als ein Recht für alle – zukünftige Generationen eingeschlossen – ins Gegenteil verkehren.

Ist Wohnen im Grünen grünes Wohnen?

Grundgedanken wie diese sind von großer Bedeutung für die politische und planerische Beurteilung der neu entfachten Diskussion um die im Sinne der Nachhaltigkeit ideale Stadtform. Mit den wesentlichen Stichworten – Bauhöhe, Wohndichte, öffentliche Räume und Urbanität – verknüpft ist die Frage nach dem richtigen Grad der Funktionsmischung oder -trennung: Wie nah zueinander oder wie weit voneinander entfernt sollen städtische Funktionen wie Wohnen, Arbeiten, Einkaufen und Erholen räumlich angeordnet sein? Sind reine Wohngebiete, realisiert als Großwohnsiedlungen am Stadtrand oder als „Häuschen im Grünen", zukunftsfähige Siedlungsweisen? Dagegen ist stark verdichtetes Wohnen in zentral gelegenen Hochhaussiedlungen ein Mittel gegen die Zersiedelung der Landschaft, doch sind die – insbesondere sozialen – Folgeprobleme vertretbar?
Neben der sozialen Dimension von Nachhaltigkeit ist auch die ökologische Gesamtbilanz von Haushalten und Städten nicht einfach eine Funktion der baulichen Dichte. Aktuelle empirische Studien korrigieren dabei das in der Stadtforschung und Stadtplanung lang gehegte (Vor-)Urteil der „kompakten Stadt", wonach allein eine Erhöhung der Wohndichte und eine vermehrte Funktionsmischung bereits den Energieaufwand von Gebäuden und für Mobilität reduzieren könnten. (2)
Ganz im Gegenteil können unterschiedliche Lebensstile dazu führen, dass die Bewohner(innen) suburbaner Räume insgesamt weniger CO_2 und andere Klimagase produzieren als die Bewohner(innen) stärker verdichteter innenstadtnaher Räume mit anderen Lebensstilen. Empirisch lässt sich auch zeigen, dass Autobesitz und -nutzung stärker

durch den sozialen Status eines Haushalts bestimmt sind als durch die räumliche Lage des Haushaltes oder die in unmittelbarer Nähe zum Wohnstandort vorhandenen Infrastruktur- respektive Dienstleistungsangebote. Dennoch beeinflussen sich bis zu einem gewissen Grad Lebensstile und Stadtform gegenseitig. Es gilt lediglich, die Determinationskraft der gebauten Umwelt nicht zu überschätzen und Städtebau nicht als (alleiniges) Heilmittel sozialer und ökologischer Stadtprobleme aufzufassen.
Was für die innere Differenzierung von Städten zutrifft, gilt in ähnlicher Weise auch für das Siedlungssystem als Ganzes: Polyzentrische Siedlungsstrukturen sind auf gesamtgesellschaftlicher Ebene günstiger als die übermäßige Konzentration der Siedlungs-, Bevölkerungs- und Wirtschaftsentwicklung eines Landes oder einer Region auf nur eine Stadt oder sehr wenige Städte. Paris ist für Frankreich ein Beispiel für diesen überstarken Zentralismus, der zu einer Überhitzung von Märkten, insbesondere dem Wohnungsmarkt führt, sodass die Mieten für einen großen Teil der Bevölkerung schlichtweg zu hoch sind. Da die Arbeitsplätze der Menschen jedoch in der Metropole liegen, sind sie gezwungen, von weit außerhalb einzupendeln. Dieses Phänomen lässt sich auch in Städten wie London, Barcelona, München oder Frankfurt beobachten. Mit dem täglichen Ein- und Auspendeln geht sehr viel kostbare Lebenszeit verloren; gleichzeitig entstehen hohe Fahrtkosten und einer umweltbelastenden Ressourcenvergeudung wird Vorschub geleistet. Ausgewogenheit der Siedlungsstruktur und möglichst gleichwertige Lebensbedingungen in den Regionen sind daher nach wie vor zentrale Ziele der Raumplanung und werden auch von der EU-Raumordungspolitik angestrebt.

Neue Lebensstile als Chance

Großstädte sind wie eingangs betrachtet Indikatoren des gesellschaftlichen Wandels. Hier lassen sich neue Trends am frühesten beobachten. Ein für die skizzierten Nachhaltigkeitsfragen ganz bedeutsamer, da wirkmächtiger Trend ist die beständig wachsende Zahl von Menschen mit sogenannten Lohas- und Lovos-Wertvorstellungen. Lohas („Lifestyle of Health and Sustainability") konsumieren überwiegend Waren und Dienstleistungen, die als gesund und besonders umweltverträglich gelten. Ihr Ziel ist es, gutes Gewissen mit gutem Leben zu verbinden. Die „grüne Ökonomie" boomt und der Anteil der Lohas in westlichen Ländern wird auf bis zu 30 Prozent der Bevölkerung geschätzt.
Die Lovos („Lifestyle of Voluntary Simplicity") unterscheiden sich insofern von den Lohas, als sie bewusst zum Schutz der Umwelt – und oftmals auch zur Verbesserung ihrer eige-

nen Lebensqualität - auf manchen Konsum verzichten. Eine bewusstere Lebensweise hilft dabei, den fatalen Zusammenhang von übermäßiger, die Leistungskraft erschöpfender Erwerbsarbeit und kompensatorischem ressourcen- und energieintensiven Konsum zu durchbrechen (vgl. S. 54 ff.). Ein solches „Leben ohne Maß und Ziel" erscheint einer wachsenden Zahl von Menschen als sinnentleert und wird neu bereichert, indem das Verbringen von Zeit mit Familie oder für kreative Arbeit zu einer eigenen Kategorie von Wohlstand wird. Wachstum beginnt so, qualitative Konturen anzunehmen, der Zuwachs an Lebensqualität - individuell wie volkswirtschaftlich - rückt in den Vordergrund. Da Lohas und Lovos überwiegend ein urbanes Phänomen sind, das zunehmend die gesamte Gesellschaft erfasst, sind die Städte auch in dieser Hinsicht Katalysatoren des Wandels - Energiewende inbegriffen. (3)

Anmerkungen

(1) Droege, Peter (Hrsg.) (2008): Urban Energy Transition. From Fossil Fuels to Renewable Power. Amsterdam.

(2) Stratmann, Bernhard (2011): Suburban Dreaming. In: Hassenpflug, Dieter et al. (Hrsg.): Reading the City - Stadt lesen. Weimar. S. 113-169.

(3) Worldwatch Institute (Hrsg.) (2010): Zur Lage der Welt 2010. Einfach besser leben. Nachhaltigkeit als neuer Lebensstil. München.

Welches Fossil nehmen Sie mit ins „Postfossilozän"? Mitnehmen werde ich ein Stück Kohle - als Mahnung gegen Ressourcenvergeudung. Auf dass wir uns nie wieder verkohlen lassen.

Zum Autor

Bernhard Stratmann, geb. 1966, studierte Soziologie mit Schwerpunkt Stadt- und Raumforschung. Seit 2007 arbeitet er als akademischer Rat an der Fakultät Architektur der Bauhaus-Universität Weimar. Er forscht zu den Themen gesunde Städte, Megastädte, nachhaltige Stadtentwicklung und Globalisierung.

Kontakt

Dr. Bernhard Stratmann
Bauhaus-Universität Weimar
Fakultät Architektur, D-99421 Weimar
E-Mail Bernhard.Stratmann@uni-weimar.de

Die Mobilität von morgen

Eine Stadt für Menschen, nicht für Autos

Von Michael Adler

Wer sich im Jahre 2040 in der Stadt zu Fuß oder auf dem Rad fortbewegt, muss nicht länger im dichten Verkehr um sein Leben fürchten: Radwegenetze durchziehen die Stadt, Autofahrspuren sind Bäumen gewichen. Und Tempo-20-Limit, (wieder-)belebte Plätze und Shared-Spaces-Zonen machen das Zufußgehen zu einem Vergnügen.

Niklas Müller ist ein Millenniumskind. Am 4. Januar 2000 geboren, hat er seine Kindheit in den sogenannten Nullerjahren verbracht. Die amerikanische Firma Apple erfand damals den ersten funktionierenden Tablet-PC, das iPad, und das erste massentaugliche Smart-Phone, das iPhone. Die ersten Hybrid-Autos fuhren, zumindest auf kurzen Strecken, elektrisch und lautlos durch die Wohngebiete. Prius hieß der Pionier und war vom japanischen Hersteller Toyota.

Im Jahr 2040, an einem Tag Mitte März tritt Niklas Müller bei fünfzehn Grad plus um sieben Uhr morgens auf den breiten Gehweg vor sein Aktivhaus. Aktivhaus nennt man die ab den 2020er-Jahren gebauten Häuser, die durch eine Kombination aus Geothermie, Solarthermie und Dünnschicht-Photovoltaikmodulen dauerhaft mehr Energie erzeugen können, als sie selbst verbrauchen.

An der Mobil-Station in seinem Stadtviertel hat Müller jeden Morgen die Wahl: Entweder er nimmt die E-Tram, eine hochmoderne Straßenbahn, leise und komfortabel ausgestattet, oder er radelt auf dem E-Bike mit 500 Watt Rückenwind auf perfekt vernetzten Fahrradwegen in die Innenstadt. Ein E-Car bringt ihn zu Terminen in den dünner besiedelten Westerwald. Elektroautos kamen erst in den 2030ern so richtig ins Spiel. Sie waren klein, leicht und für mittlere Distanzen bis 200 Kilometer gut geeignet. Die offensive Energieeffizienzpolitik des 2022 neu geschaffenen Klimaschutzministeriums hatte das Ziel, innerhalb von zehn Jahren in allen relevanten Feldern den Energieverbrauch auf unter 50 Prozent im Vergleich zu 1990 zu drücken. Im Verkehrssektor war diese Aufgabe am größten, mussten doch zunächst Versäumnisse aus den vorangegangenen 30 Jahren aufgearbeitet werden. So unterstützte die Regierung beispielsweise massiv Städte, die in eine vernetzte Förderung des Fuß- und Radverkehrs investierten.

Mobilität à la carte

Hinzu kam der rasante Aufstieg der Leihmobilität. Stadtwerke und neu gegründete Mobilitätsdienstleister boten nicht mehr nur Busse und Bahnen mit muffeligen Fahrern und 20 Jahre alten Fahrzeugen an. Ein Innovationsruck ging durch die Branche, ausgelöst durch Beispiele in der Schweiz, wo der landesweite Carsharing-Anbieter Mobility, der Pionier der Elektrofahrräder, genannt Flyer, die staatlichen Bundesbahnen, die örtlichen Anbieter des öffentlichen Personennahverkehrs und die Supermarkt- und Einzelhandelsgenossenschaft Migros bereits 2015 ein Konsortium mit dem Namen „Swiss-mobil" gegründet hatten. Nie zuvor konnte man alle Arten der Mobilität von einer Firma kaufen und alles mit Handy oder einer einzigen SmartCard leihen und bezahlen. Mit einer speziellen Applikation für das SmartPhone konnte man schon damals in der ganzen Schweiz, von den Berggipfeln des Berner Oberlandes abgesehen, alle Fahrzeuge der Umgebung orten und reservieren. Swiss-mobil ist seitdem das weltweite Vorbild.
Als 2030 das rheinländische Pendant „Bonn-mobil" gegründet wurde, war Niklas Müller sofort Kunde geworden. Seitdem bekommt er monatlich zwei Abrechnungen seiner Mobilitätskosten, eine ins Büro für seine dienstlichen Touren und eine nach Hause für seine privaten Reisen. Beim Leihen oder Besteigen der öffentlichen Verkehrsmittel genügt die Eingabe einer Codenummer, die Zuordnung erfolgt automatisch. Auch das hervorragende Bio-Essen in den Fernzügen wird so abgerechnet.
An dem sonnigen Frühlingstag im März 2040 wählt Müller das offene E-Bike. Aufgrund der deutlich verbesserten Wege und der in das E-Bike eingebauten aktiven Sicherheitssysteme wie Abstandsregulierer und Notbremssystem ist Tempo 40 erlaubt. Müller tritt

in die Pedale und beschleunigt dank des elektrischen Rückenwinds zügig. Der zweispurige Radweg führt ihn auf einem geschlossenen Wegenetz in die zehn Kilometer entfernte Innenstadt. Bei Dunkelheit erhellen dezente LED-Strahler am Wegesrand den Fahrradhighway. Aus Energiespargründen folgt ihre Lichtspur dem Radfahrer. 100 Meter vor ihm erglühen die Leuchten, hundert Meter hinter ihm erlöschen sie. Teilweise ist der Radweg sogar überdacht.

Keine 200 Meter von Müllers Arbeitsplatz in der Bonner Südstadt entfernt, befindet sich eine sogenannte Dogging-Station mit Platz für ungefähr 20 E-Bikes und 20 normale Räder. Anschließen, mit dem Handys kurz über den Bonn-mobil-Scanner fahren und das Rad ist in Sekundenschnelle zurückgegeben. Der Platz für dieses Radwegenetz de luxe wurde dadurch frei, dass man Mitte der 2020er-Jahre systematisch mit dem Rückbau der Autofahrspuren begonnen hat. Wo früher noch vier Spuren für den Autoverkehr zur Verfügung standen, waren es jetzt zwei, aus zweien wurde häufig nur noch eines. Der gewonnene Platz wurde mit Bäumen bepflanzt und für breite Fuß- und Radwege genutzt. In den Wohngebieten entstanden flächendeckend Quartiersgaragen für private Räder und Pedelecs. Und natürlich wurde der Platz gebraucht für die Verleihstationen für Räder, Scooter und E-Autos.

Um sich das Ausmaß der Veränderung beim Verkehr vorstellen zu können, muss man den großen Kulturwandel der 2020er-Jahre begreifen. Den macht vielleicht der Vergleich mit dem Raucherthema deutlich. Während in den 1960ern und 1970ern noch jeder in allen Lagen, auch im Fernsehen oder bei Politikerinterviews, rauchte, änderte sich die Kultur scheinbar schlagartig gegen Ende der Nullerjahre. Wer sich nach diesem Paradigmenwandel noch eine Kippe in einem Restaurant oder selbst in der Diskothek in den Mund steckte, war sich der deutlichen Missbilligung durch die Mitmenschen sicher. Und genauso erging es Besitzer(inne)n von Geländewagen und Großlimousinen gegen Ende der 2020er-Jahre.

Natur statt Straßenbegleitgrün

Der demografische Wandel hatte Schneisen der Entvölkerung geschlagen. Mangels einer durchdachten Zuwanderungspolitik und einer latent zunehmenden Kinderfeindlichkeit war die deutsche Bevölkerung 2040 auf 70 Millionen gesunken, mit einem deutlich gewachsenen Anteil an über 65-Jährigen. Stadtrandsiedlungen aus den 1960er- und 1970er-Jahren waren einfach abgerissen worden. Bei der miserablen Bausubstanz war die Umsetzung der neuesten Emissionsanforderungen des Klimaschutzministeriums schlicht nicht bezahlbar. Renaturierung und Rebuilding waren große Aufgaben des Verkehrs- und Bauministeriums der letzten 20 Jahre. Denn Straßen und Siedlungen waren in manchen Gegenden einfach überflüssig geworden.

Der Trend begann eigentlich schon zur Jahrtausendwende und verstärkte sich in den 2020er- und 2030er-Jahren. Die Menschen rückten wieder in den alten Orts- und Stadtkernen zusammen. Durch die schier unglaubliche Verringerung des privaten Autoverkehrs konnten in den Ballungsräumen wieder Naturräume angelegt werden, die den Namen auch verdienten und nicht nur Straßenbegleitgrün waren. Die Flucht in den grünen Rand mit all seinen logistischen Schwierigkeiten war nicht mehr nötig. Die Wiederentdeckung des Fußgängers und die technische Perfektionierung des Radverkehrs machten

„Die Wiederentdeckung des Fußgängers und die technische Perfektionierung des Radverkehrs machten eine völlige Kehrtwende bei Architektur und Stadtplanung notwendig.“

eine völlige Kehrtwende bei Architektur und Stadtplanung notwendig. In Fachkreisen nannte man sie „Europäische Renaissance“. Die Wiedergeburt der europäischen Stadt nach menschlichem Maß wurde zum Paradigma der urbanen Kultur im 21. Jahrhundert. Eine Stadt für die Menschen, nicht für Autos.

Niklas Müller erinnert sich noch gut an die fossile Zeit. Es war laut und gefährlich auf den Straßen. In den 2020ern hatte er mitgekämpft, durch Straßenbarrikaden die Autoströme gestoppt, mit spontan organisierten Flashmobs die öffentlichen Räume besetzt und Autoverkehr vorübergehend unmöglich gemacht. Mittlerweile ist er Journalist und hat sich auf Energie- und Umweltthemen spezialisiert. In diesem Job ist Müller viel unterwegs in ganz Europa. Ein Flugzeug hat er dennoch seit einigen Jahren nicht mehr bestiegen. 2030, wie üblich mit einer gewissen Verzögerung gegenüber der Entwicklung in der restlichen Welt, hatten sich die europäischen Bahngesellschaften zum integrierten

Konsortium „Eurail" zusammengeschlossen. Die Hochgeschwindigkeitsnetze der einzelnen Länder wurden nicht mehr eifersüchtig getrennt und nur jeweils für das eigene Land betrachtet. Die Metropolen wurden im Stundentakt vernetzt und mit Tempo 200 bedient. Man hatte von den extremen Hochgeschwindigkeitszügen wieder Abschied genommen, da der Zeitgewinn in keinem vernünftigen Verhältnis zum Energieaufwand stand. Die Nachtzüge erlebten seit 2030 eine Renaissance. Durch moderne Federungstechnik war das Angebot nun fast so komfortabel wie im Hotel. Distanzen, die tagsüber zu lang wurden, ließen sich so perfekt mit „Nachtsprüngen" überwinden.

Erst vor wenigen Tagen war Müller zu einer Konferenz des Netzwerks „European Sustainable Cities" über Nacht nach Stockholm gereist. Mehr als 500 europäische Städte und Ballungsräume organisieren sich seit 2025 in diesem Netz und pflegen regelmäßigen Austausch. Im Durchschnitt belasten diese Städte heute das Klima mit 80 Prozent weniger Klimagasen als im Kyoto-Jahr 1990.

Als Niklas Müller gegen 17 Uhr vor die Tür seines Büros tritt, regnet es Bindfäden. Er geht die 200 Meter zu Fuß zur Haltestelle der E-Tram. Die Straßenbahnen sind seit seiner Kindheit kleiner, leiser und windschnittiger geworden. Dafür fahren sie viel häufiger. Auch in mittleren Städten wie Bonn ist ein Fünf-Minuten-Takt tagsüber die Regel. Müller betritt die Bahn, sein Handy in der Tasche registriert automatisch, wo er ein- und wieder aussteigt, und verbucht den Bestpreis auf seinem Mobil-Konto. Das Personal, das man früher für Fahrscheinkontrollen gebraucht hat, ist längst überflüssig geworden. Auch Fahrpersonal wurde eingespart. Auf unterirdischen Strecken fahren die Bahnen in dichter Folge ohne Fahrer. Dafür hat sich der ganze öffentliche Verkehr eine Charme-Offensive verordnet. In vielen Zügen fahren jederzeit Servicemitarbeiter(innen) mit. An allen mittleren und großen Servicestationen von Bonn-mobil versorgt freundliches Personal die Fahrgäste mit Informationen.

Zurückeroberte Straßen und Plätze

Niklas Müller steigt in Bonn-Oberkassel Mitte aus. Er erfreut sich jeden Tag an den vielen Bäumen, die inzwischen auch den Hauptstraßen einen völlig neuen Charakter geben. Ab 2025 mussten Fahrspuren für den Autoverkehr in einem aufwendigen Verfahren gegenüber dem Klimaschutzministerium begründet werden. Daher wurden die Autospuren umgebaut in begrünten Raum für Fußgänger(innen) oder je nach Netzaufbau für eine großzügige Fahrradspur in zwei Richtungen genutzt.

An belebten Stellen des Wegenetzes in der Stadt, die von vielen Fußgänger(inne)n genutzt werden, gelten Shared-Space-Regeln. Fußgänger(innen) haben Vortritt vor Autos, Radfahrern oder E-Scootern. Die Fahrbahnfläche ist offen für alle, die am Verkehr teilnehmen. Alle Fahrzeuge sind hier auf Schrittgeschwindigkeit reduziert und zur größtmöglichen gegenseitigen Rücksichtnahme verpflichtet. Da überall viel mehr Leute zu Fuß unterwegs sind, als man sich das noch zur Jahrtausendwende vorstellen konnte, wurden ab 2025 alle Nebenstraßen per Gesetz zu Shared-Space-Zonen erklärt.
Auf Hauptstraßen gilt seitdem prinzipiell ein Tempolimit von 20 Stundenkilometern. Diese Begrenzung gilt immer ab dem Ortsschild. Missverständnisse wie bei alten Tempo-30-Zonen sind so nicht mehr möglich. Diese umfassende Entschleunigung in bewohnten Bereichen schuf deutlich menschlichere Städte, viel Platz für eine ältere Gesellschaft mit Treffpunkten im Freien. Es bedeutete aber auch viel mehr Sicherheit für Kinder. Der Umbau der Städte und Dörfer kostete zwar Geld und Zeit. Insgesamt standen allerdings die Städte finanziell viel besser da als in der automobilen Zeit. Erst mit der Rückeroberung wurde vielfach deutlich, wie viel Geld die autogerechte Stadt bisher gekostet hatte.
Müller schlendert noch ein bisschen die Hauptstraße entlang. Ende März ist die Straße schon wieder sehr belebt. Die Straßencafés haben am Rand der großzügigen Fußgängerbereiche bereits eingedeckt. Die Zentren der Dörfer und Stadtviertel bieten wieder alle Geschäfte fürs alltägliche Leben.

Massendemos gegen Autolawinen

Müller genießt die entspannte Freitagsnachmittagsatmosphäre, kauft ein paar Kleinigkeiten ein und freut sich auf die vor ihm liegende Woche Urlaub, der ihn mit seiner Familie in die Provence führen wird. Er hat bereits zwei E-Cars reserviert, die die vierköpfige Familie am kommenden Samstagmorgen mit Gepäck zum Eurail-Bahnhof nach Siegburg transportieren werden. In einem „Nachtsprung" reist Familie Müller dann nach Avignon. Alle freuen sich schon seit Tagen auf das hervorragende französische Menü im Speisewagen. Nach ein paar Stunden Schlaf weckt der köstliche Duft frischer Buttercroissants die Familie – klimaschonendes Reisen kann so angenehm sein. In Avignon angekommen mieten die Müllers wieder mit ihrem Handy zwei reservierte E-Cars. So bringen sie sehr entspannt die letzten 30 Kilometer zur Ferienwohnung hinter sich.
Am Abend auf der Terrasse bei einem Glas südfranzösischen Rotwein aus Bandol, Jahrgang 2022, denkt Müller zurück. Er hat noch gut die sehr anstrengenden Autofahrten

mit seinen Eltern in Erinnerung, die er festgeschnallt auf dem Rücksitz verbringen musste. Staus auf den Autobahnen waren an der Tagesordnung. Und selbst mit zehn Jahren durfte er nicht mit dem Fahrrad zur Schule fahren. Das war wegen des unglaublich dichten Autoverkehrs in den Städten zu gefährlich. Schon erstaunlich, wie wir heute leben, denkt er. Ein Glück, dass in den 2020er-Jahren in vielen Ländern gleichzeitig die Menschen ihre Werte verändert haben. Massendemonstrationen gegen Autolawinen, Kohle- und Atomkraftwerke waren entscheidend für die politische Wende. Das zunehmende Gewicht einer nachhaltigen Industrie und Dienstleistungswirtschaft gab der Bewegung aber auch die wirtschaftliche Macht und Durchsetzungsfähigkeit. Ein Glück, dass Pioniere in Paris, New York, Kopenhagen, aber auch in München, Karlsruhe, Kiel und Tübingen schon in den Nullerjahren vorangegangen waren. – Aber auch ein Glück, dass manches aber noch genauso gemacht wird wie vor 20 Jahren, denkt Müller bei einem Blick auf das Glas Wein in seiner Hand.

Welches Fossil nehmen Sie mit ins „Postfossilozän"?
Rachmaninows Klavierkonzerte, Keith Jarrett und „The Dark Side of the Moon" auf schwarzer Platte. Meinen Plattenspieler betreibe ich mobil mit meinem faltbaren Windrad. Schlägt jeden iPod.

Zum Autor
Michael Adler, geb. 1962, ist Politikwissenschaftler, Geschäftsführer der Agentur fairkehr und Chefredakteur der Mitgliederzeitschrift fairkehr des Verkehrsclub Deutschland (VCD).

Kontakt
Michael Adler
fairkehr GmbH
Niebuhrstraße 16b
D-53113 Bonn
Fon ++49(0)228/985 85 -45
E-Mail michael.adler@fairkehr.de

Impulse

Projekte und Konzepte

Ökologischer Modellstadtteil in Stockholm

... oder lebst du schon in Hammarby Sjöstad?

An den Ufern des Hammarby-Sees im Süden Stockholms waren früher Schwerindustrie und ein Frachthafen angesiedelt. In den 1970er- und 1980er-Jahren zog sich die Industrie zurück und die Gegend verfiel, bis die Stadt 1996 beschloss, Hammarby Sjöstad als ökologischen Modellstadtteil auszubauen. Die Sanierung soll 2017 abgeschlossen sein. Dann werden etwa 25.000 Menschen im Viertel wohnen können, derzeit leben dort bereits um die 17.000.

Grundlegendes Prinzip der Neugestaltung ist, Ver- und Entsorgungskreisläufe zu vernetzen und möglichst innerhalb des Stadtteils oder seiner Umgebung zu schließen. Ressourcenverbrauch und Schadstoffemissionen sollen so gering wie möglich gehalten werden. Trink- und Brauchwasser etwa kommen aus dem nahen Mälarsee, Restwärme aus den Abwässern wird ins Fernwärmenetz gespeist, das Biogas aus der Kläranlage befeuert Gasherde und treibt Stadtbusse an. Das gereinigte Abwasser fließt schließlich auf der anderen Seite der Stadt ins Meer. Haushaltsabfall, der nicht recycelt oder kompostiert werden kann, landet in der Müllverbrennung, die wiederum Fernwärme liefert. Die Wege zwischen Wohnorten, Arbeitsplätzen und Freizeitmöglichkeiten sind kurz gehalten. Ein Carsharing-Pool, öffentliche Verkehrsmittel und ein gut ausgebautes Fahrradwegenetz eröffnen Alternativen zum eigenen Auto. Wie der Stadtteil funktioniert, wo noch Handlungsbedarf besteht und wie die Einwohner(innen) zum ökologischen Gelingen beitragen können, ist für Einheimische und Besucher(innen) im GlashusEtt zu erfahren, dem Informations- und Servicezentrum des Stadtteils. (ek)

GlashusEtt
Lugnets Allé 39
S-120 65 Stockholm
Fon ++46/852 21 37 -00
E-Mail info@hammarbysjostad.se
www.hammarbysjostad.se

Dialog „Nachhaltige Stadt"
Politik für zukunftsfähige Kommunen

Nur wenn alle – Stadtbewohner(innen), Stadtverwaltungen, Bund, Länder und die EU – zusammenarbeiten, kann eine nachhaltige Stadtentwicklung gelingen. Das ist der Grundtenor der „Strategischen Eckpunkte für eine nachhaltige Entwicklung in Kommunen", die die Oberbürgermeister von 16 deutschen Städten im Oktober 2010 erarbeitet haben. Initiiert und begleitet wurde deren Dialog „Nachhaltige Stadt" vom Rat für Nachhaltige Entwicklung.

Die Bürgermeister fordern in ihrer Erklärung alle städtischen Akteure dazu auf, gemeinsam ein Zukunftsbild ihrer Stadt zu entwerfen und konkret auf eine Umsetzung hinzuarbeiten. Die Kommunen sollten Entscheidungsprozesse für die Öffentlichkeit transparent gestalten, das Engagement ihrer Einwohner(innen) strukturell und inhaltlich unterstützen und ihnen damit auch Verantwortung für das Gemeinweisen übertragen.

Örtliche Unternehmen wollen die Bürgermeister zur Eigeninitiative ermuntern. Außerdem sollten Kommunalverwaltungen mit gutem Beispiel vorangehen, beispielsweise durch eine nachhaltige Wirtschaftsweise der stadteigenen Betriebe. Mit dem Fernziel CO_2-Neutralität vor Augen müssten Infrastruktur und Gebäude schrittweise klimafreundlich umgestaltet werden.

Auch die finanzielle Seite der Nachhaltigkeit kommt zur Sprache: An den Stadtfinanzen dürfe im Sinne der Generationengerechtigkeit kein Raubbau betrieben werden. Die Bürgermeister fordern bei der Verteilung finanzieller Lasten mehr Verhandlungsbereitschaft von Bund und Ländern. Deren Kooperation ist auch in anderen Bereichen gefragt, etwa bei der kommunalen Umsetzung überregionaler Richtlinien. Andere Kommunen sind aufgerufen, sich anzuschließen. (ek)

Kontakt:
Julia Werner
Rat für Nachhaltige Entwicklung
Geschäftsstelle c/o GIZ
Potsdamer Platz 10
D-10785 Berlin
Fon ++49/(0)30/40 81 90 -123
E-Mail julia.werner@nachhaltigkeitsrat.de
www.nachhaltigkeitsrat.de/projekte/eigene-projekte/nachhaltige-stadt

Städtenetzwerke für Nachhaltigkeit
Wenn tausend kleine Städte ...

Bundesweit haben 185 Städte und Gemeinden seit Februar 2010 die Deklaration „Biologische Vielfalt in Kommunen" unterzeichnet. Bei der bloßen Willensbekundung, die darin genannten ökologischen Belange in der Stadtplanung zu berücksichtigen, soll es nicht bleiben: Die teilnehmenden Kommunen wollen in einem Bündnis für biologische Vielfalt bei der Umsetzung des Papiers kooperieren, voraussichtlicher Gründungstermin ist November 2011.

Die vom Bundesamt für Naturschutz und der Deutschen Umwelthilfe angestoßene Initiative ist eines von vielen Beispielen für die umweltpolitische Vernetzung von Städten, die auf nationaler wie internationaler Ebene ein wendigeres Gegengewicht zu den schleppenden Verhandlungen der Nationalstaaten zu Biodiversität und Klimaschutz bilden kann.

Ein anderes Beispiel ist der Zusammenschluss von 1.500 europäischen Städten zum „Klimabündnis". Die Mitglieder verpflichten sich zu konkret bezifferten Einsparungen bei der Emission von Klimagasen und zum Schutz des Regenwalds. Die Organisation entfaltet eine breite Palette von Aktivitäten, unterstützt beispielsweise Kommunen bei der CO_2-Bilanzierung, entwickelt Projekte zum regionalen Klimaschutz, erarbeitet Positionspapiere zu nationalen Gesetzesvorhaben sowie internationalen Abkommen und organisiert europaweit Tagungen, Kampagnen und Aktionswochen wie etwa die „Woche der Sonne" vom 6. bis 15. Mai 2011.

Ein ähnliches Programm der Vernetzung, Beratung und Öffentlichkeitsarbeit verfolgt der International Council for Local Environmental Initiatives (ICLEI), dem weltweit etwa 1.200 kommunale Regierungen aus 70 Ländern angehören. Der von ICLEI organisierte Weltkongress „Resilient Cities", bei dem sich Stadtverwaltungen, Wissenschaftler(innen), NGOs, Unternehmen und andere Akteure der Klimapolitik und -technologie austauschen, findet 2011 vom 3. bis 5. Juni in Bonn statt – also unmittelbar vor den UN-Klimagesprächen am selben Ort. (ek)

Kontakt:
Climate Alliance
Galvanistr. 28
D-60486 Frankfurt am Main
Fon ++49/(0)69/71 71 39 -0
E-Mail europe@climatealliance.org
www.klimabuendnis.org

ICLEI
World Secretariat
Kaiser-Friedrich-Str. 7, D-53113 Bonn
Fon ++49/(0)228/97 62 99 -00
E-Mail iclei@iclei.org
www.iclei.org

Petition „Plusenergie jetzt!"
Wohnen im eigenen Kraftwerk

Der Name spricht für sich: Plusenergiehäuser gewinnen im Jahresmittel mehr Energie, als ihre Bewohner(innen) verbrauchen, der Überschuss fließt ins öffentliche Netz.

Rolf Disch, der Architekt der knapp 60 Plusenergiehäuser umfassenden Solarsiedlung Freiburg, hat nun eine Petition an den Bundestag initiiert, um Plusenergie baldmöglichst als Standard bei Neubauten zu verankern. Außerdem soll der Staat die energetische Gebäudesanierung rascher voranbringen und bei Förderprogrammen den Plusenergiestandard priorisieren.

Plusenergiehäuser erreichen ihre positive Energiebilanz durch die Kombination von sehr guter Wärmedämmung, einer an der Sonneneinstrahlung orientierten Fassadengestaltung, effizienten Belüftungssystemen und der eigenen Solaranlage auf dem Dach. Zusätzlicher Bedarf an Wärme und Energie wird beispielsweise durch Wärmepumpen oder Holzpellet-Blockheizkraftwerke im Keller gedeckt. Plusenergiehäuser sind also nicht autark; Nahwärme- und Stromnetz fangen momentane Energieüberschüsse und -defizite auf. Die Frist für die Unterzeichnung der Online-Petition auf der Webseite des Architekten läuft Ende März aus. (ek)

Kontakt:
Rolf Disch SolarArchitektur
Sonnenschiff, Merzhauser Str. 177
D-79100 Freiburg
Fon ++49/(0)761/459 44 -0
E-Mail info@rolfdisch.de
www.plusenergie.de

Expertennetzwerke zu Peak Oil

Standortbestimmung und Routenplanung

Wann ist Peak Oil erreicht und was kann beziehungsweise sollte geschehen, wenn die Förderung von Öl hinter den Bedarf zurückfällt? Außer Frage steht nur, dass der Welt das Öl ausgeht. Doch die Angaben zu zukünftigen Ölfördermengen sind unsicher und häufig von wirtschaftlichen und politischen Interessen gefärbt; der tatsächliche Umfang der verbleibenden Ölreserven und ihrer möglichen Erschließung ist daher erstaunlich unklar.

Durch unabhängige Analysen Licht ins Dunkel bringen will die „Association for the Study of Peak Oil and Gas" (ASPO), ein interdisziplinärer Zusammenschluss von Wissenschaftler(inne)n und Verbänden. Die ASPO untersucht jedoch nicht nur den Verlauf der Erschöpfung der Ölvorräte, sondern möchte mit ihrer Öffentlichkeitsarbeit auch das Bewusstsein für die Konsequenzen von Peak Oil schärfen.

Mit den Folgen der zukünftigen Ölverknappung beschäftigt sich auch das PostFossil Institut. Das Netzwerk von Wissenschaftlern und Experten hat es sich zur Aufgabe gemacht, das Auslaufen des Ölzeitalters analytisch zu beobachten und zu einer positiven Gestaltung des Übergangs beizutragen. Wie kann beispielsweise Mobilität nach dem billigen Öl aussehen, welche konkreten Auswirkungen hat Peak Oil für die Wirtschaftsentwicklung? Das Institut erstellt zu solchen und ähnlichen Fragen und Themen Risikoszenarien, entwickelt Handlungsstrategien und vermittelt seine Ergebnisse in Vorträgen und Seminaren an Politik, Wirtschaft und Öffentlichkeit. (ek)

Kontakt:
Edeltraud Brunner
ASPO
Daimlerstr. 15
D-85521 Ottobrunn
Fon ++49/(0)89/60 81 10 27
E-Mail info@aspo-deutschland.org
www.energiekrise.de

Paul Nellen
PostFossil Institut
Fon ++49/(0)40/439 12 15
E-Mail info@postfossilinstitut.de
www.postfossilinstitut.de

Concerto-Initiative der EU
Europa versorgt sich selbst mit Erneuerbaren

Das seit 2006 laufende Concerto-Programm der Europäischen Kommission initiiert und unterstützt Projekte für eine nachhaltige Energieversorgung. In Zusammenarbeit mit Sachverständigen und Unternehmen werden in den geförderten Kommunen Strategien für ein effizientes Zusammenspiel von Energieeinsparung, dezentraler und zentraler Energieversorgung entwickelt und erprobt. Ziel ist, ein möglichst hohes Niveau an kommunaler Selbstversorgung zu erreichen. Die Initiative umfasst inzwischen 58 europäische Städte in 22 Projekten. Concerto versteht sich auch als Plattform für den Austausch von Ideen und Erfahrungen. So kamen im Dezember 2010 Vertreter(innen) der teilnehmenden Städte in Brüssel zusammen, um eine Bilanz der ersten fünf Projektjahre zu ziehen und Perspektiven für die neue Smart Cities Initiative der EU zu entwickeln. (ek)

Kontakt:
European Commission
Directorate-General for Energy
Rue J.-A. Demot, 24-28, B-1049 Brüssel
http://ec.europa.eu/dgs/energy

Privatisierung der Wasserversorgung
Den Wirtschaftshaien das Wasser abgraben

Ist die Versorgung mit Wasser ein äußerliches Menschenrecht oder eine Dienstleistung? Und wer soll sie verwalten? Mancher Kommune erscheint der (Teil-)Verkauf ihrer Versorgungsinfrastruktur als willkommener Ausweg aus finanzieller Bedrängnis. Doch angesichts von Beispielen wie London, wo die Eigentümer des privatisierten Versorgungsbetriebs wechselten, mangelhafte Abwasserbehandlung und horrende Wasserverluste im maroden Netz jedoch bestehen blieben, beschleichen so manchen Zweifel an der Nachhaltigkeit privater Konzernpolitik. Daher engagieren sich in vielen deutschen Städten Bürgerinitiativen für eine Wasserversorgung in öffentlicher Hand und unter demokratischer Kontrolle. Während etwa in Hamburg ein Volksbegehren die Privatisierungspläne der Stadt 2004 bis auf Weiteres stoppen konnte, scheint die Umsetzung eines 2010 vom Gemeinderat angenommenen Bürgerbegehrens gefährdet zu sein, wonach die Wasserversorgung bis 2014 in städtische Hand zurückkehren soll. Und die Berliner(innen) stimmten im Februar 2011 per Volksentscheid für die vollständige Offenlegung der Verträge und Nebenabreden, die bei der Teilprivatisierung zwischen der Stadt, RWE Aqua und Veolia Wasser geschlossen worden waren.

Mehrere der Initiativen für kommunale Wasserversorgung haben sich zum Netzwerk „Wasser in Bürgerhand" zusammengeschlossen. Gruppen, die selber aktiv werden wollen, können sich hier informieren und Kontakte zu Fachleuten knüpfen. (ek)

Kontakt:
Markus Henn
Wasser in Bürgerhand
Fon ++49/(0)30/54 71 95 90
E-Mail markus-henn@web.de
www.wasser-in-buergerhand.de

Initiativen gegen Leerstand

Die Stadt der ungenutzten Möglichkeiten

Auf dem Mietmarkt vieler deutscher Großstädte wird es immer enger: Es mangelt an bezahlbarem Wohn- und Arbeitsraum ebenso wie an (Frei-)Räumen für unabhängige Kultur. Gleichzeitig stehen Gebäude leer und verfallen, während sie auf Käufer oder den Abriss warten. Auf dieses Missverhältnis wollen die „Leerstandsmelder" hinweisen, die verschiedene stadtpolitische Initiativen für Freiburg, Düsseldorf und Hamburg ins Netz gestellt haben. Wem in diesen Städten ein ungenutztes Gebäude auffällt, kann es in einen Online-Stadtplan eintragen und dazu Fotos, Hinweise zum Zustand und Nutzungsideen ergänzen. Denn die Initiatoren der Projekte wollen die Leerstände nicht nur dokumentieren, sondern auch zu deren Zwischen-, Um- und Weiternutzung anregen.

In städtischem Auftrag einen Schritt weiter geht die ZwischenZeitZentrale Bremen bei ihrer Suche nach Raum für selbstständige Arbeit und Kultur. Sie macht leer stehende Gebäude und brachliegende Grundstücke ausfindig, bringt Verhandlungen zwischen Eigentümern und potenziellen Zwischenmietern auf den Weg und berät bei der Umsetzung von Projekten.

Auch die Baulückenbörse Region Freiburg vermittelt innerstädtische Leerstände und

Brachen, wendet sich dabei jedoch vorrangig an angehende Bauherren: Hier geht es um die Erhaltung lebendiger Innenstädte und das Schließen von Baulücken als Alternative zu Zersiedelung und Flächenfraß an den Stadträndern. Die unter der Leitung des Öko-Instituts entwickelte Initiative umfasst zurzeit zehn Städte und Gemeinden. (ek)

Kontakt:
www.leerstandsmelder.de
www.leerstand-freiburg.info
www.baulueckenboerse.de

ZZZ – ZwischenZeitZentrale Bremen
Hansator 1 (Abfertigung)
D-28217 Bremen
Fon ++49/(0)421/695 81 26
E-Mail kontakt@zzz-bremen.de
www.zzz-bremen.de

Tagung und interdisziplinäre Debatte
Stadtklima und Demografie

Welche Auswirkungen hat der Klimawandel auf die Städte, wie lässt sich das Mikroklima verbessern und die Gesundheit derer schützen, die in der Stadt wohnen und arbeiten? Welche Rolle spielt dabei der demografische Wandel? Solchen Fragen geht das interdisziplinäre Forschungsprogramm „City2020+ Lebensqualität für die Zukunft" der Technischen Hochschule Aachen am Beispiel Aachens nach. Im Rahmen des Programms lädt die Hochschule am 9. und 10. Mai 2011 zur Fachtagung „Demografische und klimatische Herausforderungen in der Stadt" ein. Die Teilnehmer(innen) werden aktuelle Forschungsprojekte aus relevanten Gebieten wie Soziologie, Medizin, Geografie, Umweltwissenschaften oder Architektur vorstellen und diskutieren. (ek)

Kontakt:
City2020+, Human Technology Centre
RWTH Aachen
Theaterplatz 14
D-52056 Aachen
Fon ++49/(0)241/802 55 20
E-Mail city2020.tagung@humtec.rwth-aachen.de
www.humtec.rwth-aachen.de/city2020

Wettbewerb European Green Capital
Europa kürt die grünste Stadt

Jeweils für ein Jahr vergibt die Europäische Kommission den Titel der Europäischen Umwelthauptstadt. Im Auswahlverfahren wird der ökologische Status quo anhand von Indikatoren wie Luftqualität und Wasserverbrauch ermittelt, und die politischen Weichenstellungen der Stadt für eine nachhaltige Zukunft werden kritisch unter die Lupe genommen.

Zum Auftakt 2010 ging der Titel an Stockholm. Die schwedische Hauptstadt hat bei der Reduktion von Treibhausgasen, der Müll(wieder)verwertung und der Durchgrünung des Stadtgebiets eine beachtliche Bilanz vorzuweisen. Bis 2050 will Stockholm von fossilen Brennstoffen unabhängig werden. Wie das aussehen könnte, wird im Modellstadtteil Hammarby Sjöstad erprobt (vgl. S. 110).

2011 ist Hamburg europäische Umwelthauptstadt. Auf Einwohner(innen) und Besucher(innen) wartet ein dichtes Veranstaltungsprogramm, neue Projekte sollen unter anderer die Elektromobilität und den Ausbau erneuerbarer Energien fördern. Im April wird Hamburg mit dem „Zug der Ideen" eine interaktive Wanderausstellung zu Stadtplanung und Umweltschutz per Bahn auf die Reise schicken. Der Ausstellungszug wird in 18 europäischen Städten Station machen und im September mit dem Feedback und den Beiträgen der Besucher(innen) nach Hamburg zurückkehren.

Kritik an der Preisvergabe gibt es vor allem im Zusammenhang mit dem laufenden Bau des Steinkohle-Kraftwerks Moorburg, der es fraglich erscheinen lässt, ob die Stadt ihre Klimaziele erreichen kann: Bis 2020 soll laut Senatsbeschluss der CO_2-Ausstoß um 40 Prozent, bis 2050 um 80 Prozent gesenkt werden.

Die Preisträger der kommenden zwei Jahre stehen auch schon fest fest: 2012 wird Vitoria-Gasteiz in Nordspanien Umwelthauptstadt, 2013 geht der Titel an das französische Nantes. (ek)

Kontakt:
Behörde für Stadtentwicklung und Umwelt
Hamburg Umwelthauptstadt Europas 2011
Stadthausbrücke 8, D-20355 Hamburg
Fon ++49/(0)40 428 40 34 34
E-Mail umwelthauptstadt2011@bsu.hamburg.de
http://umwelthauptstadt.hamburg.de/umwelthauptstadt

Urban Intervention Award

Architektur für lebendige Städte

Der 2010 von der Senatsverwaltung für Stadtentwicklung Berlin ins Leben gerufene „Urban Intervention Award" prämiert europaweit architektonische Projekte, die aus einem kooperativen Ansatz heraus neue Nutzungen des städtischen Raums etablieren und zur Lebensqualität der Einwohner(innen) beitragen. In der ersten Runde wurde der Bibliotheks-, Sport- und Parkkomplex der spanischen Stadt Torre Pacheco ausgezeichnet. Nominiert war unter anderem auch das „Lesezeichen" in Salbke, einem von der Stadtschrumpfung stark betroffenen Stadtteil Magdeburgs. Die aus einem kurzfristigen Projekt hervorgegangene Bürgerbibliothek wurde zunächst von den Einwohner(inne)n fortgeführt, bis sie 2009 einen neuen architektonischen Rahmen erhielt. Die frei zugängliche Open-Air-Bibliothek dient auch dem Lärmschutz und steht als Ruhezone und Veranstaltungsbühne im Ortskern zur Verfügung.

In der Kategorie für temporäre Installationen trug die Stadtküche aus Berlin-Neukölln den ersten Preis davon: An der mobilen Kücheninsel mit langem Esstisch, die zusammengepackt auf einen Fahrradanhänger passt, können Viertelbewohner(innen) und Passant(inn)en gemeinsam kochen und essen.
Der Preis soll in Zukunft alle zwei bis drei Jahre ausgeschrieben werden. (ek)

Kontakt:
Susanne Walter
Urban Intervention Award
Senatsverwaltung für Stadtentwicklung Berlin
Am Köllnischen Park 3
D-10179 Berlin
Fon ++49/(0)30/90 25 -1504
E-Mail susanne.walter@senstadt.berlin.de
www.stadtentwicklung.berlin.de/staedtebau/baukultur/urban_intervention_award

Internationale Bauaustellung 2020 in Berlin

Versuchslabor für zukunftsfähige Stadtentwicklung

2020 wird in Berlin zum dritten Mal eine Internationale Bauausstellung (IBA) stattfinden. Sie soll sich mit zentralen Fragen der Stadtentwicklung auseinandersetzen, insbesondere mit den Wechselwirkungen von Städtebau und Klimawandel und den Möglichkeiten der Städte, Integration und Beteiligung der Bevölkerung zu stärken. Außerdem wird die IBA der Frage nachgehen, welche neuen Wirtschafts- und Finanzierungsformen in Zeiten knapper öffentlicher Finanzen eine zukunftsfähige Stadtentwicklung sichern können.
Im Januar 2011 hat im alten Flughafengebäude Tempelhof das IBA-Studio eröffnet. Erste Ideenentwürfe eines interdisziplinären Vorbereitungsteams werden dort zur öffentlichen Diskussion gestellt und sollen so bis Mai 2011 zu einem Gesamtkonzept reifen. (ek)

Kontakt:
Dr. Dagmar Tille
IBA Berlin 2020
Senatsverwaltung für Stadtentwicklung
Am Köllnischen Park 3
D-10179 Berlin
Fon ++49/(0)30/21 40 31 95
E-Mail IBA2020@SenStadt.Berlin.de
www.stadtentwicklung.berlin.de/staedtebau/baukultur/iba

Medien

Knox, P. L./Mayer, H.: Kleinstädte und Nachhaltigkeit

Im Blickpunkt von Politik und Planung stehen gemeinhin die großen Städte. Die Wissenschaftler Paul L. Knox und Heike Mayer befassen sich stattdessen mit dem Typus Kleinstadt sowie den Bedingungen, Chancen und Netzwerken für eine nachhaltige Entwicklung in Städten mit maximal 50.000 Einwohner(inne)n. Dabei betrachten sie eine Vielzahl positiver Ansätze und Beispiele, vor allem aus den USA und Europa.

Kleinstädte sind keine Finanzmetropolen und selten zentrale Hightechstandorte, sie müssen die Auswirkungen der globalen Wirtschaftsentwicklungen und Umweltveränderungen mittragen, ohne sie zu steuern, und sie sind das Zuhause eines großen Bevölkerungsteils. Die Chancen, die sie bieten, fassen die Autoren in den drei Schlagworten Tradition, Zukunft und Bürgergesellschaft zusammen.

Tradition beschreibt das authentisch Eigene einer Stadt und Region, ob im Gebauten, der Kultur, dem Naturraum oder der Wirtschaft. Das Bewahren, Wiederentdecken und -entwickeln der eigenen Besonderheiten schafft und stärkt die regionale Identität. Die Konzentration auf regionale Wirtschaftskreisläufe macht unabhängiger von den Weltläufen und schafft örtliche Arbeitsplätze. Zukunft meint die Ausrichtung an innovativen, zukunftsfähigen Technologien und Strukturen, etwa erneuerbare Energien im regionalen Verbund statt Abhängigkeit von weit entfernten Großkraftwerken und dem Ölweltmarkt. Bürgergesellschaft steht für die Grundlage dieser Entwicklung und die Menschen, die sich identifizieren mit ihrem Ort, sich einbringen, in Netzwerken zusammenarbeiten und den Raum für ihr gemeinsames Wirken erhalten.

Diese drei Ebenen bedienen die Autoren, wenn sie die Eko-Kommuner-Bewegung in Schweden mit ihren Indikatoren für eine nachhaltige Entwicklung, das North American Eco-Municipality Network oder die europäische Cittàslow-Bewegung als positive Vorbilder vorstellen. Die Betrachtungen und Beispiele sind dabei weniger eine Faktensammlung oder eine dröge Aneinanderreihung planerischer Vorgänge, sondern sie beschreiben Wesen und Wirkungen, die beispielsweise der Etablierung regionaler Wirtschaftskreisläufe innewohnen. So wird im Kontext der Erläuterungen historischer Entwicklungen nicht nur das Wie, sondern vor allem das Warum einer nachhaltigen Entwicklung deutlich.

(Roland Quester)

Zuerst erschienen in: Nachrichten aus der Umweltbibliothek Leipzig, Nr. 38/2009

Knox, Paul L./Mayer, Heike:
Kleinstädte und Nachhaltigkeit. Konzepte für Wirtschaft, Umwelt und soziales Leben.
Birkhäuser, Basel 2009, 192 S., 34,90 €,
ISBN 978-3-7643-8579-8

Webster, J.:
Recipes for Disaster

Rezept Nummer eins für die gelungene Katastrophe: sich „It's not my problem" zu sagen. Doch Dokumentarfilmer John Webster betrachtet den Klimawandel durchaus als sein eigenes Problem. Er unternimmt mit seiner Familie einen Selbstversuch: Ein Jahr lang wird sie ihren Erdölverbrauch so weit wie irgend möglich reduzieren, ohne das Leben einer typischen finnischen Mittelstandsfamilie aufzugeben. Rad, Bus und Bahn ersetzen das Auto, der alte Kinderwagen erlebt eine Renaissance als Lastenkarre. Doch was kann man noch einkaufen, wenn Plastikverpackungen und Erdölprodukte tabu sind? Allein die Suche nach Toilettenpapier ohne Folienumhüllung führt schon durch die halbe Stadt.

Auch mentale Komplikationen lassen nicht lange auf sich warten. John Webster ist mit dem bereits Erreichten immer weniger zufrieden und rutscht in seine persönliche Klimakrise. Währenddessen beginnen seine Frau und Kinder unter den Einschränkungen und dem Erklärungsnotstand gegenüber einem Umfeld zu leiden, das Idealismus weniger wohlwollend betrachtet als eine vorgeschützte Plastikallergie.

Am Beispiel einer Familie im Kampf mit dem Öl lässt sich einiges über alltägliche Erdölfresser und mögliche wie unmögliche Alternativen erfahren. Vor allem aber kartografiert der Film mit Witz und Selbstironie die sozialen und psychischen Klippen des Umweltschutzes. Warum beharren Menschen auf dem Status quo und empfinden Gegenentwürfe als bedrohlich oder lächerlich? Ist es überhaupt möglich, aus dem System Erdöl auszusteigen, ohne zum Aussteiger zu werden? Wie kann sich der Einzelne globalen Problemen stellen, ohne an ihnen zu verzweifeln oder zum Fanatiker zu werden? Und hat Klimaschutz eigentlich auch etwas zu bieten? In der Tat: Am Ende des Experiments möchte die Familie die Qualitäten eines entschleunigten Lebens ohne Erdölantrieb nicht mehr missen – auch wenn sie nach dem einen Jahr die Wiederfreigabe von Zahnpastatuben begrüßt. – Eine sehenswerte Studie in (Post-)Öl. (ek)

Webster, John:
Recipes for Disaster.
Eine Familie ein Jahr lang ohne Öl.
Millennium Film, Finnland 2008, 85 Min.

Twickel, C.:
Gentrifidingsbums oder
eine Stadt für alle!

Wer sich auf anschauliche Weise dem globalen Phänomen der Umwandlung von ehemaligen Arbeiterquartieren in hippe und teure Szeneviertel nähern will, wird in diesem Buch fündig. Christoph Twickel kennt sich aus in Hamburg und berichtet anschaulich von echten „Hamburgensien" im Zeitalter der Gentrifizierung. Anspruch des Autors und Journalisten ist es dabei, aus einer Graswurzelperspektive zu schreiben, „für Leute, die sich in eine Polemik über den Wandel der Stadt einmischen möchten." Diese Perspektive ist Stärke und Schwäche des Buches zugleich.

Der Autor ist selbst Teil der kreativen Szene, die von Marketingstrategen der Hansestadt gern benutzt wird, um diese als frech, bunt und lebendig im weltweiten Städteschaulaufen zu präsentieren. In zwei originellen Künstlerinterviews tritt der Konflikt zu Tage, mit dem sich die Kreativen auseinandersetzen müssen: Einerseits tragen sie zur Aufwertung der Stadt(teile) bei, andererseits sind sie selbst von ihr betroffen, wenn sie als Künstler(innen) Arbeitsräume oder Werkstätten nur von einer Zwischennutzung zur nächsten betreiben können. Die fast unvermeidliche Nabelschau und Selbstgeißelung wird dabei in den Interviews sympathisch durch Ironie, Witz und widerständischen Trotz. Das im Anhang dokumentierte Manifest „Not in our Name" ist dementsprechend auch vor allem ein Ausdruck des Unbehagens, des Nicht-mehr-mitmachen-Wollens und sollte als „qualifizierte Nestbeschmutzung" ein Ausrufezeichen setzen. Freilich ist das noch kein Ausweg aus der Vereinnahmung durch städtische Hochglanzbroschüren.

Mit dem Schlusskapitel macht sich Twickel auf die Suche nach Gegenstrategien. „Gentrifizierung ist Klassenkampf von oben". Folgerichtig landet er bei „der Eigentumsfrage". Auch hier stellt sich wieder der Grundkonflikt ein: Die dargestellten Genossenschaftsmodelle oder Konstellationen wie das Mietshäusersyndikat mögen sich als Modelle für die Mittelschicht und vielleicht auch noch für die prekären Kreativen anbieten, für Hartz IV-Bezieher(innen) stellen sie keine Lösung dar. Hier wäre eine Ausweitung der sozialen Frage wünschenswert gewesen. Dennoch gilt: Wer demnächst Hamburg besucht, möge bitte dieses Büchlein als „Reiseführer" mitnehmen.

(Olaf Sobczak)

Twickel, Christoph:
Gentrifidingsbums oder eine Stadt für alle!
Edition Nautilus, Hamburg 2010, 128 S.,
9,95 €, ISBN 978-3.89401-726-2

Kurz notiert

UN-Habitat (Hrsg.):
State of the World's Cities 2010/ 2011. Bridging the Urban Divide.
Earthscan, London 2010, 240 S.,
31,99 €,
ISBN 978-184971-176-0

Hopkins, Rob:
Energiewende. Das Handbuch. Anleitung für zukunftsfähige Lebensweisen.
Zweitausendeins, Frankfurt am Main 2008, 236 S., 22,- €, ISBN 978-3-86150-882-3

Schindler, Jörg/Held, Martin/
Würdemann, Gerd:
Postfossile Mobilität. Wegweiser für die Zeit nach dem Peak Oil.
Verlag für Akademische Schriften, Bad Homburg 2009, 301 S., 19,80 €, ISBN 978-3-88864-422-1

Heinrich-Böll-Stiftung (Hrsg.):
Urban Futures 2030. Visionen künftigen Städtebaus und urbaner Lebensweisen.
Schriften zur Ökologie, Band 5. Berlin 2009, 96 S., ISBN 978-3-86928-008-0. Download unter www.boell.de/downloads/Urban-Future-i.pdf

Arch+ 196/197:
Post Oil City. Die Stadt nach dem Öl.
Arch+ Verlag, Januar 2010, 144 S., 19,- €, ISSN 0587-3452

Goude, Emma/Watson, Chris (2009):
In Transition 1.0: From Oil Dependence to Local Resilience.
Smith & Watson Productions, England, 50 Min.

Bude, Irene/Sobczak, Olaf (2009):
Empire St. Pauli. Von Perlenketten und Platzverweisen.
GWA St. Pauli, Deutschland, 85 Min.

SPEKTRUM NACHHALTIGKEIT

Die gesellschaftliche Diskussion um die Zukunft ist vielschichtig. Im *Spektrum Nachhaltigkeit* veröffentlicht die *politische ökologie* deshalb – unabhängig vom jeweiligen Schwerpunktthema – Fachbeiträge, die sich mit verschiedenen Aspekten der Nachhaltigkeit auseinandersetzen. – Viel Vergnügen beim Blick über den Tellerrand!

Eine Analyse des Schlichtungsverfahrens Stuttgart 21

Demokratie 21

Von Peter Vonnahme und Bernd Tremml

Am Ende ging es schnell und langsam zugleich. Der Schlichterspruch war für den Mittag des am 30. November 2010 angekündigt. Als es bereits dunkel wurde, wuselte der nimmermüde Schlichter Heiner Geißler immer noch zwischen den Hauptquartieren der Befürworter und Gegner des Tiefbahnhofprojekts Stuttgart 21 (S 21) hin und her auf der Suche nach dem schier unmöglichen Konsens. Im Sitzungssaal und vor Hunderttausenden von Fernsehbildschirmen herrschte Spannung. Es war wie bei der Papstwahl, wann endlich steigt weißer Rauch auf? Dann das Votum des Schlichters, schnörkellos und unmissverständlich, ein echter Geißler. Ergebnis: 1. Stuttgart 21 hat gewonnen. 2. Die Verlierer bekommen ein paar Trostpflästerchen. 3. Die Kosten tragen - natürlich wir alle. 4. Vollstreckungsschutz in der Form eines verlängerten Baustopps wird nicht gewährt.

Die Entscheidung war wohl bedacht - und trotzdem falsch! Diesen Eindruck mussten zumindest diejenigen bekommen, die den 60-stündigen Verhandlungsmarathon vor dem Bildschirm verfolgt haben. Zu viele Schwächen des Tiefbahnhofprojekts waren in den neun Verhandlungstagen offenkundig geworden: zweifelhafte Verkehrstauglichkeit, keine Erweiterungsmöglichkeiten, wackeliges Finanzierungskonzept, Risiken für die Sicherheit, für die Heilquellen und für die alten Bäume im angrenzenden Schlossgarten. Im Gegensatz hierzu das Kopfbahnhofkonzept der S 21-Gegner: einfacher, leistungsfähiger, variantenreicher, billiger, ökologischer.

Angesichts dessen kam Geißlers Votum überraschend und unvorbereitet, obwohl man es irgendwie fast befürchtet hatte. Der Verhandlungsverlauf hatte nämlich einen anderen Spruch nahegelegt, und so blieb die unausgesprochene Frage im Raum: Hat das CDU-Mitglied Geißler über das Attac-Mitglied Heiner gesiegt? Das charmant-bärbeißige Schlichterurgestein hatte im Verlaufe des sogenannten Schlichtungsverfahrens alles gegeben, was ihm in einem langen und bunten Politikerleben an Erfahrung und Schläue zugewachsen war. Er war selbstsicher bis hin zur Arroganz und manchmal erdrückend dominant, was die Streitparteien zu bizarren Kniefällen veranlasst hat. Schließlich wollte sich niemand die Gunst des Weichenstellers verscherzen.

Doch trotz Geißlers natürlicher Autorität, seiner glaubhaften Redlichkeit und seines immerwährenden Bemühens, eine annehmbare Lösung zu finden - am Ende siegte sein Pragmatismus: Zu abschreckend erschienen ihm die Milliardenverluste bei einem Ausstieg aus S 21 und zu verlockend die Tatsache, dass für diese Planung bereits unanfechtbares Bau-

recht vorliegt. Folge: Der Visionär Geißler gab vor dem Realisten klein bei.
Die Unterlegenen verbargen tapfer ihre Enttäuschung. Vermutlich dämmerte ihnen, dass es ein Fehler war, sich überhaupt auf dieses Verfahren eingelassen zu haben. Denn sie konnten nur verlieren. Der Zug S 21 war längst abgefahren. Der alte Mann am Bahnsteig hatte nicht die Courage, ihn zurückzupfeifen.

Burgfrieden wieder in Gefahr

Der Schlichterspruch hinterlässt Ratlosigkeit. Weder ist absehbar, ob das Tiefbahnhofsprojekt den von Geißler verordneten „Stresstest" besteht, noch wer die zu erwartenden Mehrkosten trägt. Trotzdem drückte sich der Schlichter um das Naheliegende herum, nämlich einen Baustopp bis zur Klärung der von ihm aufgeworfenen Sachfragen. Dadurch brachte er den mühsam erreichten Burgfrieden sofort wieder in Gefahr. Neuer Bürgerunmut und Demonstrationen drohen, vielleicht auch wieder Schlagstöcke und Pfefferspray. Ohne Baustopp ist der Schlichterspruch für die Gegner jedenfalls eine Provokation. Die Frage ist allein, ob der bürgerliche Protest wegen der erzielten Korrekturen an S 21 erlahmt ist.
Die Politik war als gestaltendes Element des S-21-Streits seit Wochen ausgefallen. Allseits herrschte Ratlosigkeit. Die CDU verkündete angesichts ihres Umfragetiefs nur noch Durchhalteparolen, wohl wissend, dass ihr die Zügel längst entglitten waren. Die Grünen versicherten, das ungeliebte Bahnprojekt im Falle eines Wahlsieges zu kippen – und verdrängten, dass das angesichts unanfechtbarer Genehmigungen und rechtlich bindender Verträge so leicht nicht gehen würde. Die SPD zeigte sich unentschlossen wie in ihren schlechtesten Zeiten. FDP und Linke waren praktisch nicht vorhanden. Somit befand sich die Parteiendemokratie vor der Einberufung von Geißlers Tafelrunde in einem beklagenswerten Zustand. Ob es nun nach dem Demokratieexperiment besser ist, kann füglich bezweifelt werden. Die ersten Gewitterwolken sind nämlich schon aufgezogen.
Wenn man Umfragen trauen darf, dann gibt es einen glanzlosen Profiteur des „Stuttgarter Demokratiemodells": Stefan Mappus, Ministerpräsident des Ländle. Vor der Schlichtung spielte er den Muskelprotz, dessen Wahlniederlage dennoch von Tag zu Tag näher rückte. Kein Wunder, dass er bereitwillig den Strohhalm ergriff, den ihm Parteifreund Geißler reichte. Neuerdings darf Mappus wieder hoffen. Er gab sich nach dem Schlichterspruch ungewohnt staatsmännisch. Es bleibt abzuwarten, ob dies anhält, wenn es im Schlossgarten demnächst wieder unruhig wird.
Es gibt noch weitere Gewinner des Schlichtungsverfahrens, nämlich die famosen Vertreter(innen) des Aktionsbündnisses. Es war beeindruckend, mit welcher Sachkunde und Beredsamkeit sie dem hochdotierten Profiteam von Bahn, Staat, Stadt und Gutachtern gegenübertraten. Erneut zeigte sich die außerordentliche Lernfähigkeit bürgerschaftlichen Engagements. Das macht Mut angesichts ausufernder Politik(er)verdrossenheit.
Der eigentliche Gewinner des Stuttgarter Experiments tauchte auf wie Phoenix aus der Asche. Der Fernsehsender gleichen Namens setzte auf die Unterhaltungskraft gut dargebotener Politik ohne journalistische Filterung und blieb von der ersten bis zur letzten Minu-

te der Schlichtung auf Sendung. Die Zuschauer(innen) konnten sich mehr als 60 Stunden lang ein unverstelltes Bild machen vom aktuellen Politikgeschehen. Das ist ein unschätzbarer zivilisatorischer Fortschritt im Vergleich zu den herkömmlichen 20-Sekunden-Schnipseln der Nachrichtensendungen. Geißlers Bemühen um Fakten lockte ein Millionpublikum vor die Bildschirme. Das Zauberwort lautet Transparenz. Insofern ist Stuttgart 21 ein wichtiger Markstein auf dem Weg zu Demokratie 21!

Demokratie und Rechtsstaat

Hat Heiner Geißler Recht, wenn er mit Blick auf sein Schlichtungsverfahren von einem neuen „Demokratiemodell" spricht? Richtig ist zunächst Geißlers Analyse, dass der Widerstand gegen S 21 neben örtlichen auch überörtliche Ursachen hat, nämlich die „massive Vertrauenskrise der Politik" und die „Art und Weise des Zustandekommens [...] des Projekts S 21". Tatsächlich fühlen sich immer mehr Menschen durch die Politik nicht mehr vertreten. Dahinter steht das Gefühl, dass sich die sogenannten politischen Eliten nicht mehr an den Bedürfnissen der Wähler(innen), sondern an den Interessen einer übermächtigen Wirtschafts- und Bankenlobby orientieren.

Nicht weniger bedeutsam ist Geißlers Kritik an der Genehmigungspraxis für Großvorhaben. Wenn die Öffentlichkeit von einer solchen Planung erfährt, ist die Entscheidung für das Projekt de facto längst gefallen – in enger Abstimmung zwischen Projektträger und Politik. Fortan geht es nur noch darum, das Vorhaben möglichst störungsfrei durch die notwendigen Verfahren zu schleusen. Alternativen werden nicht mehr ernsthaft erwogen. Die Betroffenen werden mit dem Hinweis beruhigt, dass sie ihre Bedenken und Einwände gegen das Vorhaben in den anstehenden Genehmigungs- und Gerichtsverfahren vorbringen können. Verschwiegen wird, dass viele wesentliche Einwände im gerichtlichen Verfahren gerade nicht mehr geprüft werden, etwa die Fragen zur Standortwahl, zur Finanzierung und zu den Auswirkungen für Klima und Umwelt. Nach geltendem Prozessrecht wird nur geprüft, ob eigene Rechte des rechtsuchenden Bürgers verletzt werden. Dazu gehören nach herrschender juristischer Dogmatik insbesondere Leben, Gesundheit und Eigentum, nicht aber Umwelt und Klima.

Diese über die Jahre gewachsene juristische Dogmatik ist nicht mehr zeitgemäß. Immer mehr Menschen wissen heute um den Wert einer gesunden Umwelt und eines erträglichen Klimas und wollen sich ihre Welt nicht von renditegesteuertem Planungsgigantismus zerstören lassen. Wir dürfen unsere Augen nicht länger davor verschließen, dass sich unser überkommenes Genehmigungssystem in einer Sackgasse befindet. Die Ausklammerung ernsthafter Umweltschäden als Folge von Großprojekten erweist sich zunehmend als zentrales Problem des Rechtsschutzes.

Unbequeme Rechtsstandards brutal zurechtgestutzt

Die Vertrauenskrise hat eine weitere Ursache: Unter den Tarnkappen „Deregulierung" und „Aufbau Ost" wurde in der Kohl-Ära der verwaltungsgerichtliche Rechtsschutz empfindlich ausgedünnt. Eine Lawine sogenannter Beschleunigungs-, Vereinfachungs-, Erleichte-

rungs-, Flexibilisierungs-, Modernisierungs-, Verschlankungs- und Effektivierungsgesetze stutzte gewachsene verfahrensrechtliche Standards brutal zurecht. Hierbei wurde nicht nur Überflüssiges, sondern – en passant – vor allem Unbequemes ausgemerzt.
Wo das Recht dem politischen Willen und dem vermeintlichen Fortschritt im Wege stand, wurde es beseitigt. So verkamen Gerichtsverfahren in den 1990er-Jahren Schritt für Schritt unter dem betretenen Schweigen der Fachöffentlichkeit zu Alibiveranstaltungen. Bei Großvorhaben war fortan ein Kernbereich der Bürgersorgen richterlicher Überprüfung entzogen. Erschwerend kommt hinzu, dass sich Gerichte traditionell hinter der „herrschenden Meinung" verstecken, weshalb sich neue Einsichten stets schwergetan haben, in die Elfenbeintürme der Justiz vorzudringen.
Angesichts dessen verwundert es nicht, dass es Gerichten bei großen Vorhaben immer weniger gelingt, ihrer Aufgabe, Rechtsfrieden zu stiften, gerecht zu werden. Das bedeutet aber auch, dass der betroffenen Bevölkerung vielfach nur noch der politische Kampf gegen ungeliebte Großprojekte bleibt. Immer öfters entfaltet sich deshalb der Protest hunderttausendfach auf der Straße. Zumeist jedoch werden solche Demonstrationen von der politischen Klasse nicht wahrgenommen, zumindest so lange nicht, wie sie friedlich verlaufen. „Die Hunde bellen, die Karawane zieht weiter", sagte Kohl einmal in Anlehnung an eine alte arabische Lebensweisheit.
Heute gilt das nicht mehr. Nicht alle Probleme der Neuzeit lassen sich aussitzen. Sie wollen ernst genommen und bearbeitet werden. Unterbleibt dies, dann führen Ohnmachtsgefühle nicht selten zu Gewalt. Dem Anliegen der Protestierer(innen) nützt das nichts. Denn der Rechtsstaat ist herausgefordert und reagiert häufig – wie der Polizeieinsatz bei Stuttgart 21 zeigt – kraftvoll, aber wenig vernünftig. Vorhandene Gräben vertiefen sich weiter.

Die Brutstätten für Bürgerunmut

Der empörte Hinweis der Bahn, sie habe unanfechtbare Genehmigungen, wird heute von einer kritischer gewordenen Öffentlichkeit nicht mehr schlechthin als Legitimation für die Umsetzung eines Bauvorhabens anerkannt. Dies gilt vor allem dann, wenn am Ende von langen Genehmigungsverfahren der Verdacht aufkommt, dass die vorgelegten Gutachten und Kostenschätzungen von Anfang an nicht valide waren. Zumindest der staatliche Unternehmer muss sich dann die Frage gefallen lassen, ob sein Finanzierungskonzept (noch) tragfähig ist. Allein die Vorstellung, dass es der Steuerzahler schon irgendwie richten wird, ist zwar realistisch, aber deswegen noch lange nicht gut. Zusammenfassend ergibt sich: Eine für die Herausforderungen der Zukunft wenig taugliche Rechtsordnung und die Dickfelligkeit der Politik sind schleichend zur Brutstätte für Bürgerunmut geworden und damit zu einer Gefahr für die Demokratie.
Konnte Geißlers Schlichtung an den Demokratiedefiziten etwas verändern? Die Antwort lautet: ja und nein. Als Testlabor für die demokratische Bearbeitung künftiger Konflikte bei Großvorhaben war das Stuttgarter Modell von Anfang an nicht geeignet. Das lag weder am Schlichter noch am fehlenden guten Willen der Konfliktparteien, sondern daran, dass sich Letztere nicht wirklich auf Augenhöhe beweg-

net sind. Die eine Seite, die Bahn, hatte nämlich bereits bei Beginn der Schlichtung eine unanfechtbare Genehmigung für S 21. Die andere Seite, die Projektgegner, stand rechtlich mit leeren Händen da.

Eine echte Symmetrie hätte nur dann bestanden, wenn die Bahn im Vorfeld der Schlichtung auf ihr Baurecht verzichtet hätte; doch daran dachte sie verständlicherweise nie. Außerdem: Wie soll eine inhaltliche Lösung aussehen, wenn der eine mit dem Bahnhof unbedingt „nach unten" will, der andere nicht weniger entschlossen „oben bleiben" will? Hier gibt es nur ein Entweder-Oder. Insofern hatte Geißler von Anfang an schlechte Karten. Bürger(innen) wehrten sich gegen einen unterirdischen Bahnhof, bekommen haben sie ein 9. und 10. Gleis. Deshalb ist das Schlichtungsergebnis keine wirkliche Lösung, die aufkeimenden Streitigkeiten beweisen es.

Dessen ungeachtet hat Heiner Geißler viel für eine demokratische Diskussionskultur, für Transparenz und Verständlichkeit getan. Daran werden sich andere in Zukunft messen lassen müssen. Er hat aufgezeigt, dass Bürgerinitiativen und Aktionsbündnisse über hohe Sachkompetenz verfügen und als Partner ernst zu nehmen sind. Seiner nachdrücklichen Forderung, das „Schweizer Modell" zu übernehmen, wird man sich stellen müssen. Dem Schweizer Modell zufolge formuliert man zuerst ein Ziel, entwickelt Pläne sowie Alternativen und stellt sie vor, stimmt über das Ob und Wie ab und erst zum Schluss kommt die Realisierungsphase mit Genehmigungsverfahren. Last but not least hat Geißler die offenen Flanken unserer Rechtsordnung, Quelle von viel hochschießendem Bürgerunmut, sichtbar gemacht. Der Gesetzgeber wird gut daran tun, sich nicht vor der Suche nach zeitgemäßen Lösungen zu drücken. Es ist zwar schwierig, aber die Demokratie 21 verlangt es!

Zu den Autoren

Peter Vonnahme, geb. 1942, war von 1982 bis 2005 Richter am Bayerischen Verwaltungsgerichtshof. Er war sechs Jahre Mitglied im Bundesvorstand der Neuen Richtervereinigung und veröffentlichte Beiträge zu umwelt- und staatspolitischen Themen.

Bernd Tremml, geb. 1944, ist Rechtsanwalt mit langjähriger Beratungs- und Prozesserfahrung im öffentlichen Bau- und Planungsrecht, im Wirtschaftsverwaltungsrecht und im Energierecht.

Kontakt

Peter Vonnahme
Maximilianstr. 6
D-86916 Kaufering
Fon ++49/(0)8191 61 10
E-Mail peter.vonnahme@onlinehome.de

Dr. Bernd Tremml
Rechtsanwaltskanzlei Wendler Tremml
Martiusstr. 5, D-80802 München
Fon ++49/(0)89/38 89 90

Strategiewechsel für den weltweiten Klimaschutz

Vergesst Cancún, legt einfach los!

Teil 7 zu den internationalen Klimaverhandlungen

Von Karl-Martin Hentschel

Die Weltklimakonferenz in Kopenhagen war im Dezember 2009 erbärmlich gescheitert. (1) Ein Jahr später haben Tausende Klimaexpert(inn)en aus Politik, Wissenschaft, Verbänden und Medien im mexikanischen Cancún die Scherben von Kopenhagen zusammengekehrt. Mehr aber war nicht möglich. Ein Klimaabkommen, das die Erwärmung des Klimas auf maximal zwei Grad Celsius sichert, steht weiter in den Sternen. Als Erfolg gefeiert wurde in Cancún, dass überhaupt ein gemeinsames Dokument zustande kam. Dabei enthält es lediglich drei wichtige neue Punkte: Es soll einen Fonds zur Rettung der Regenwälder geben. Die armen Länder sind bei der Anpassung an die Klimaveränderung mit jährlich 100 Milliarden US-Dollar zu unterstützen. Und es wurde eine internationale Überprüfung der Klimapolitik der Länder vereinbart. Zweifellos wichtige Punkte. Aber keine dieser Vereinbarungen ist finanziert, und keine ist völkerrechtlich verbindlich.

Die Wahrheit ist: Es wird in absehbarer Zeit kein verbindliches Abkommen geben. Die USA wird keinem Abkommen zustimmen, weil der Beitritt zu einem internationalen Abkommen durch eine Zweidrittelmehrheit im US-Senat gebilligt werden muss, und die ist nicht abzusehen. Selbst eine einfache Erklärung, ein „Agreement" des Kongresses, dass Amerika sich an den Vertrag halten wird, ist nach der für den Präsidenten Barack Obama verlorenen Nachwahl im Januar 2010 nicht mehr drin. Und ohne die USA werden China und Indien nicht mitmachen.

Positive Nachrichten aus allen Ecken der Welt

Ist also alles verloren? Keineswegs! Es gibt sogar gute Gründe für Optimismus. Diese zunächst verblüffende Feststellung beruht auf überraschenden Entwicklungen der letzten Jahre. Es gibt positive Nachrichten in Sachen Klimaschutz aus allen Ecken der Welt – auch und gerade aus den USA und aus China: Es kommt jetzt darauf an, eine Strategie zu entwerfen, die diese Entwicklungen berücksichtigt und die erforderliche Kehrtwende einleitet. Dabei kann Deutschland sogar eine Schlüsselrolle spielen.

Anstatt weiter auf internationale Klimaabkommen zu warten, schlagen immer mehr Expert(inn)en eine Vorreiterstrategie vor. Diese geht davon aus, dass die erneuerbaren Energien in den kommenden 50 Jahren zu den Schlüsseltechnologien schlechthin avancieren. Dabei geht es an erster Stelle um den elektrischen Strom. Die Stromversorgung ist schon heute zur Lebensader der Zivilisation geworden. Ohne Strom geht fast nichts mehr –

kaum ein Herd, kaum eine Heizung, kein Wasserhahn, kein Telefon. Wenn in den kommenden Jahrzehnten auch noch die Autos mit Strom fahren und elektrische Wärmepumpen die gut gedämmten Häuser heizen, dann wird die Stromversorgung mit erneuerbaren Energien endgültig zur Gretchenfrage werden, die über Wohlstand und Konkurrenzfähigkeit von Staaten entscheidet.
Bislang glaubte man noch, ein Alleingang einer Nation oder gar der Europäischen Union wäre zu teuer. Aber die Situation hat sich geändert. So sind die erneuerbaren Energien in den letzten Jahren bereits zunehmend günstiger geworden. Noch wichtiger aber ist der Bewusstseinswandel bei vielen Entscheidungsträger(inne)n. Politikerinnen und Manager in aller Welt haben die strategische Bedeutung der Erneuerbare-Energien-Technologien erkannt. Sie wissen, dass die Vorbereitung auf den Wettlauf um die Zukunftstechnologien bereits begonnen hat, und stehen in den Startlöchern. Selbst die Internationale Energie Agentur (IEA), bis vor wenigen Jahren Vertreterin der Kohle- und Öllobby schlechthin, hat eine Kehrtwende vorgenommen und warnte in Cancún, eine Verzögerung des Klimaabkommens um ein Jahr koste die Welt eine Billion US-Dollar. (2)

Erneuerbare-Energien-Gesetz als Erfolgsmodell

Ausgerechnet die Hauptbremser der Klimakonferenzen, die USA und China, sind schon dabei, Europa bei der Förderung von Erneuerbaren einzuholen. Im Krisenjahr 2009 wuchs der Weltmarkt für Windkraftwerke gegen den Trend um 31 Prozent, und davon wurde ein Drittel allein in China aufgebaut – ein weiteres Viertel in den USA. Über 40 Staaten haben das deutsche Erfolgsmodell EEG, das Erneuerbare-Energien-Gesetz, kopiert, nach dem Erneuerbare im Netz Vorrang haben. Auch in den USA hat die Mehrzahl aller Bundesstaaten ambitionierte Klimagesetze verabschiedet. Bei der Installation von Windkraftanlagen haben die USA Deutschland bereits überholt – mit Texas und Kalifornien an der Spitze. Und Hawaii hat sich per Gesetz verpflichtet, bis 2030 die CO_2-Emissionen aus der Stromerzeugung um 70 Prozent zu senken.
Auch China, das seinen Strom heute zu 80 Prozent mit Kohle erzeugt, hat bereits die Wende eingeleitet. Im Jahre 2009 wurden Windkraftwerke mit einer Leistung von 13 Gigawatt ans Netz gebracht – das ist mehr Kapazität als die aller neun chinesischen Atomkraftwerke zusammen. Bei solarthermischen Anlagen für Haushalte ist China bereits Weltmeister und hat fünfmal so viel Anlagen installiert wie ganz Europa. Sogar beim Netzausbau ist China schon weiter als Europa. Während bei uns noch über die Notwendigkeit diskutiert wird, ein neues Gleichstrom-Overlay-Netz, das sogenannte Supergrid, zu bauen, das den Strom der Erneuerbaren ohne große Verluste quer durch Europa zum Kunden bringt, hat China gehandelt: Über 10.000 Kilometer an Leitungen für die Übertragung von Hochspannungsgleichstrom mit geringen Verlusten gingen bereits in Betrieb.
China und die USA stehen mit diesem Engagement nicht allein. Brasilien, Kanada und Indien sind in die Spitzengruppe der Windkraftbauer vorgedrungen. Länder wie Mexiko, die Türkei und Marokko haben Zuwachsraten von

über 100 Prozent. Und Südafrika hat einen Einspeisetarif eingeführt.
Angesichts dieser Entwicklung ist es kein Wunder, dass die Mehrzahl der von mir im Sommer 2010 befragten Expert(inn)en der Auffassung ist, dass Europa mit Deutschland an der Spitze bei der Förderung von Erneuerbaren vorangehen sollte, anstatt auf den Konferenzen um Klimaziele zu pokern. (2) Konkret heißt das zu beschließen, in den kommenden 30 Jahren einseitig die komplette Stromversorgung auf erneuerbare Energien umzustellen und dafür alle Weichen zu stellen. Die Befürchtung, dass wir uns damit eine viel zu teure Energieversorgung anschaffen, ist überholt. Im Gegenteil: Wenn Deutschland, das führende Maschinenbauland der Welt, loslegt, ist das ein Startsignal. China und Indien, Ägypten und Marokko, Brasilien und Mexiko und viele US-Staaten beobachten sehr genau, was hier in Europa geschieht. Eine solche Entscheidung würde einen Wettlauf um die Erneuerbaren weltweit auslösen. Jeder würde dabei sein, niemand die Entwicklung versäumen wollen.

Innovationen beschleunigen

Ist eine solche Entwicklung erst einmal eingeleitet, dann kann die Umstellung viel schneller erfolgen, als die Expert(inn)en bislang für möglich hielten. Hans Joachim Schellnhuber, Direktor des Instituts für Klimafolgenforschung, spricht vom „Selbstbeschleunigungspotenzial solcher Innovationsprozesse". (3) Noch vor fünf Jahren hielten die meisten Expert(inn)en eine CO_2-freie Stromversorgung frühestens bis Ende des Jahrhunderts für möglich. Nun liegen bereits mehrere Studien vor, nach denen die Umstellung bereits 2050, 2040 oder gar sogar 2030 abgeschlossen werden kann. Eine Stellungnahme des Sachverständigenrates der Bundesregierung (SRU) rechnet vor, dass ab 2030 die Strompreise der Erneuerbaren bereits niedriger liegen als die aus noch nicht abgeschriebenen fossilen und nuklearen Kraftwerken. (4) Wer wird bei solchen Aussichten noch Kohle- oder Atomkraftwerke bauen?
Hinzu kommt: Deutschland hat ideale Voraussetzungen, um loszulegen. Denn es liegt zwischen den größten Wasserspeichern Europas – den Stauseen in Skandinavien und den Alpen. Der SRU hat deshalb für die Übergangsphase einen kleinen Stromverbund zwischen Deutschland und Skandinavien vorgeschlagen, eventuell unter Einbeziehung der Schweiz. Wenn neue sogenannte Super-Strom-Leitungen (Smart Grids) diese Speicher verfügbar machen, um die Schwankungen der Windkraftparks auszugleichen, dann ließe sich bereits 2020 über die Hälfte des Stroms in Deutschland aus Erneuerbaren gewinnen. Dies sollte im Rahmen einer abgestimmten EU-Strategie geschehen. So können parallel der Ausbau von Speichern vor Ort – zum Beispiel Druckluftspeichern oder auch Wasserstoffspeichern – und die Einbindung von thermischen Solarkraftwerken in Nordafrika beginnen.
Während viele meiner Interviewpartner wie Olav Hohmeyer vom SRU eine Vorreiterstrategie empfehlen, hält insbesondere der Wissenschaftliche Beirat für globale Umweltveränderungen (WBGU) mittelfristig ein Klimaabkommen für unbedingt erforderlich. Eine der wichtigsten Funktionen eines solchen Abkommens kann sein, den nötigen Transfer von Nord nach Süd sowohl in Form von Geld wie

auch in Form von Know-how zu organisieren. Klimaabkommen können auch verhindern, dass Ölförderländer versuchen, den Innovationsprozess zu sabotieren, indem sie mit Dumping-Angeboten von Öl und Gas reagieren. Um dem entgegenzutreten, ließen sich zum Beispiel Regeln über die Welthandelsorganisation festlegen, die es erlauben, gegenüber Ländern, die sich nicht an vereinbarte Klimaziele halten, Sonderzölle zu erheben.

Ein internationales Klimaabkommen wäre also wünschenswert und hilfreich. Es wäre aber fatal, weiter auf ein solches zu warten. Und anstatt zu mauern und sich über die Skepsis darüber, ob wir unsere engagierten Reden ernst meinen, zu wundern, sollten Deutschland und Europa damit beginnen, das Notwendige für eine Energiewende zu tun.

Anmerkungen

(1) Der Artikel ist eine Neufassung eines Kapitels aus dem Buch „Es bleibe Licht. 100 % Ökostrom für Europa ohne Klimaabkommen. Ein Reiseführer", das 2010 im Deutschen Wissenschafts-Verlag erschienen ist.

(2) Bernhard Pötter: Der Wert des Klimas. In: tageszeitung vom 13.12.2010.

(3) Kammertöns, Bruno/Lebert, Stephan: „Manchmal könnte ich schreien". Interview mit Hans Joachim Schellnhuber. In: ZEIT online vom 2.9.2009.

(4) Sachverständigenrat für Umweltfragen (2010): 100 % erneuerbare Stromversorgung bis 2050. Stellungnahme Nr. 15. Berlin.

Zum Autor

Karl-Martin Hentschel, geb. 1950, ist Mathematiker und Autor. Bis 2009 war er Abgeordneter und Fraktionsvorsitzender von Bündnis 90/Die Grünen im schleswig-holsteinischen Landtag. Derzeit ist er Kreisvorsitzender der Grünen in Plön und u.a. Mitglied bei Attac, Mehr Demokratie e.V., BUND sowie Verdi.

Kontakt

Karl-Martin Hentschel
Am Steinkamp 7
D-24226 Heikendorf
Fon ++49/(0)431/24 38 89
E-Mail karl.m.hen@gmail.com

Konflikte beim Ausbau der Stromnetze

Im Netz verstrickt

Von Werner Neumann

Für den Transport von Strom, vor allem von Windenergie in die Gebiete mit hohem Stromverbrauch, ist ein Aus- respektive Umbau der Stromnetze in Deutschland erforderlich. Allerdings kommt der Bau neuer Höchstspannungsleitungen nicht richtig voran. Je nach Berechnung müssten zu den vorhandenen 36.000 Kilometer langen Leitungen 800, 1.700 oder 3.000 Kilometer lange neue Höchstspannungsleitungen hinzukommen, um den Abtransport von Strom aus erneuerbaren Energien sicherzustellen, verkündete die Deutsche Energieagentur (Dena) Ende November 2010. (1) Zugleich macht aber schon der Bau von 800 Kilometer langen neuen Leitungen, die nach dem Energieleitungsausbaugesetz (EnLAG) gebaut werden sollen, kaum Fortschritte.

Da tönt es aus dem Kanzleramt und dem Wirtschaftsministerium, der Naturschutz würde den Ausbau der Leitungen verhindern und dadurch Klimaschutz per Strom aus erneuerbaren Energien unmöglich machen. Als wesentlichen Grund für die Verzögerung führen Politik und Energieunternehmen immer wieder Widerstände der Bevölkerung vor Ort gegen den Ausbau der neuen Leitungen an. Deren Argumente beziehen sich sowohl auf den Schutz der Landschaft, den Schutz vor elektromagnetischen Strahlungen als auch auf den Naturschutz, denn Vögel sind durch Kollisionen mit Freileitungen gefährdet.

Doch herrscht beim Ausbau von Stromnetzen wirklich ein Widerspruch zwischen Naturschutz, Gesundheitsschutz und Klimaschutz? Gibt es möglicherweise sogar Alternativen, die bisher nicht berücksichtigt wurden?

Die Alten machen die Netze nicht frei

Durch das Erneuerbare-Energien-Gesetz (EEG) nahm der Ausbau der Stromerzeugung vor allem aus Windenergie, Biomasse und Solarenergie immens zu. Der heutige Anteil der Erneuerbaren an der insgesamt erzeugten Energiemenge von über 17 Prozent kann in zehn Jahren über 40 Prozent erreichen. Neben einer dezentralen Verteilung der Anlagen ist eine neue Konzentration von Windkraft offshore in der Nord- und Ostsee zu erwarten. Zunehmend drängt Windstrom die Produktion von Strom aus Kohlekraftwerken zurück.

Die Stromtransportnetze sind aber auf die Erzeugungsstrukturen von großen Kohle- und Atomkraftwerken ausgerichtet. Für den neuen Strom aus Windkraft wäre es durchaus möglich, einige der bestehenden Leitungen zu nutzen, wenn denn beim zeitweilig höheren Aufkommen von Windstrom die Braunkohle- und Atomkraftwerke heruntergefahren würden. Genau dies wollen die Betreiber dieser Kraftwerke im Interesse ihrer Lieferverträge mit Großabnehmern jedoch vermeiden. Ergo braucht es neue zusätzliche Leitungen für erneuerbare Energie, weil die alten Energien den Weg nicht freimachen. Die Lage im Stromnetz wäre zudem entspannter, wenn der Ausbau der Windenergie nicht so sehr durch politische Widerstände der Landesregierungen in Hessen, Baden-Württemberg und Bayern blockiert worden wäre.

Die Genehmigungsverfahren für neu zu bauende Leitungen konfrontieren die Kommunen, Anwohner(innen) und Umweltverbände mit einer komplizierten Gemengelage. Die Antragsteller verkünden, die Leitungen würden für die Versorgungssicherheit, den internationalen Wettbewerb, die erneuerbaren Energien und für Strom aus bis zu 25 neuen Kohlekraftwerken benötigt. Konkrete Zahlen der Netzbelastung legen sie nicht vor. Stattdessen führen sie als „unwiderlegbare" Begründung an, dass mit dem EnLAG der Ausbaubedarf im Bundestag beschlossen worden sei. Aufgrund intransparenter Verfahren kommt in der betroffenen Bevölkerung nicht von ungefähr Unmut auf.

Nachhaltigkeit – der Begriff hat in vielen Medien keine Konjunktur. Diese Zurückhaltung hat ihren Preis: Man bleibt häufig an der Problemoberfläche. Nachhaltigkeit ist beim größten deutschen Umweltverband, der zwei große Studien über ein zukunftsfähiges Deutschland initiiert hat, und der *politischen ökologie* seit vielen Jahren gut aufgehoben. Deshalb suchen sie die Zusammenarbeit: In jeder Ausgabe gibt es an dieser Stelle einen Beitrag von einem Mitglied des Wissenschaftlichen Beirats des BUND.

Bund für Umwelt und Naturschutz Deutschland
BUND
FREUNDE DER ERDE

Nachdem die Deutsche Energieagentur Anfang 2005 ihre erste Netzstudie veröffentlicht hatte, legte die Bundesregierung erst im Oktober 2008 den Entwurf eines Gesetzes zur Beschleunigung des Ausbaus der Höchstspannungsnetze vor. Neben der Festlegung eines sogenannten Bedarfsplans auf der Grundlage der durch die Dena und die Netzbetreiber vorgelegten Ausbauplanungen wurde der Rechtsweg in erster und letzter Instanz auf das Bundesverwaltungsgericht verkürzt und das Gesetz trat im August 2009 in Kraft.

Von Beschleunigung keine Rede

In der Gesetzgebung lehnten Bundesregierung und Bundestag wichtige Vorschläge des Bundesrats ab. Dieser hatte beschlossen, die Verkürzung des Rechtswegs zu streichen und den Bedarfsplan für Energieleitungen nach dem EnLAG in das Gesetz zur Umweltverträglichkeitsprüfung aufzunehmen. Damit hätte Deutschland auch die EU-Richtlinie zur strategischen Umweltprüfung von Plänen und Programmen umsetzen können. Stattdessen liegt nun ein Planungsbeschleunigungsgesetz vor, das die fachliche Begründung des Leitungsbaus ersetzen soll und gezielt eine nach europäischem Recht erforderliche umfassende Umweltprüfung umgeht.

Der BUND hat im November 2010 darauf hingewiesen, dass das Energieleitungsausbaugesetz sowie die auf ihm beruhenden Planungen direkt einer Pflicht zur strategischen Umweltverträglichkeitsprüfung (SUVP) unterliegen. Eine Gesamtprüfung und Abwägung des Bedarfsplans ist bisher nicht erfolgt. Diese besondere „Beschleunigung" durch das EnLAG ruft Rechtsunsicherheit hervor, denn jedes einzelne Planungsverfahren könnte mangels einer bundesweiten SUVP beklagt werden. Die Entscheidung der CDU-FDP-Regierung zugunsten schneller Verfahren unter Umgehung erforderlicher Umweltprüfungen, Alternativenprüfungen und von Öffentlichkeitsbeteiligung ist der Hauptgrund von Verzögerungen beim Ausbau des Stromnetzes in Deutschland.

In den einzelnen Planungsverfahren sind es die Netzbetreiber und die Behörden, die die Verfahren verlängern. Für die Leitung Wahle-Mecklar etwa stellte der Netzbetreiber im Oktober 2007 Varianten für die Haupttrassen vor. Im August 2008 schlug er dann zusätzliche neue Trassen vor. Nach weiteren Untersuchungen begann im Juni 2010 das Raumordnungsverfahren (ROV), das den Trassenkorridor festlegt. Genauer gesagt wurden zwei Verfahren eröffnet, weil die jeweils ausgewählten West- oder Osttrassen in Niedersachsen und Hessen liegen, wobei offen ist, ob sie sich überhaupt treffen werden. Im Dezember 2010 legte der Netzbetreiber Tennet TSO erst auf Anforderung der Behörden Planungen für mögliche Teilerdverkabelungen vor. Der Ausgang des Verfahrens ist offen, aber die Schuld daran, dass alles so lange dauert, schieben Bundes- und Landesregierung den Bürgerinitiativen und Umweltverbänden in die Schuhe.

„Verzögerungen" gibt es auch bei der Leitung Lauchstädt-Redwitz. Während in Thüringen für zwei von drei Teilen der neuen Leitung die Planfeststellung erfolgt ist, steht das Raumordnungsverfahren für den dritten Teil bis zur Landesgrenze noch aus. In Bayern ist das ROV erfolgt. Statt integrierter Planung hoffte man hier durch eine Zerlegung der Strecke schneller voranzukommen – das Gegenteil ist der Fall.

In all diesen Verfahren hat es keinerlei zeitliche Verzögerungen durch Kommunen, Bürgerinitiativen und Umweltverbände gegeben. Allerdings haben diese zahlreiche fachlich qualifizierte Einwände vorgetragen, die oftmals die Unzulänglichkeit oder Widersprüchlichkeit der vorgelegten Planungen aufgedeckt haben. Kernpunkt war hier die Frage, ob die zusätzlichen Leitungen überhaupt notwendig sind. Diverse Gutachten zeigen, dass Temperaturmonitoring, Hochtemperaturseile und die Begrenzung auf 80 Prozent der Leistungsspitzen des Windstroms einige Leitungen verzichtbar machen würden. (2)

Lückenhafte Studien

Im November 2010 legte die Deutsche Umwelthilfe ihren „Plan N" vor. (3) Unternehmen und Verbände hatten darin – nicht immer im Konsens – die vielfältigen Aspekte des Stromnetzausbaus erörtert. Dies reichte von elektrotechnischen Fragen bis hin zu Problemen wie dem Vogeltod an Freileitungen. Die Autor(in-n)en befürworten den Ausbau der Netze für erneuerbare Energien, drücken sich aber vor der Frage, ob die Netzplanung nicht indirekt oder offen dem Weiterbetrieb von Atom- sowie neuen wie alten Kohlekraftwerken dient. Der Plan N hat ein breites Fachwissen zusammengetragen, aber seine Diskurse können nicht die rechtsrelevanten Beteiligungsverfahren von Öffentlichkeit und Umweltverbänden für Raumordnung und Planfeststellung ersetzen.

Die Studie der Dena hingegen verkündet einen erheblichen Neubaubedarf von Leitungen, begründet diesen aber nicht im Detail und benennt keine konkreten Knotenpunkte für neue Trassenverbindungen. Bei ihrem

Szenario geht sie von einem Neubau von (Braun-)Kohlekraftwerken mit einer Gesamtleistung von über 20 Gigawatt aus. Dabei stellen die Energiekonzerne Neubaupläne von Kohlekraftwerken landauf, landab, aber vor allem an den Küsten von Nord- und Ostsee sowie in Nordrhein-Westfalen aufgrund des örtlichen Widerstandes oder schlicht aus Unwirtschaftlichkeit ein. Die Dena-Netzstudie ist daher schon zum Zeitpunkt ihrer Veröffentlichung Ende November 2010 nicht mehr realistisch. Ihr Dilemma ist: Würden weitere Kohlekraftwerke gebaut, wäre ein Großteil der neuen Leitungen für deren Betrieb, aber nicht für die erneuerbaren Energien notwendig. Bei einem schnelleren Atomausstieg und einem Ausbaustopp von Kohlekraftwerken wäre der Netzausbaubedarf sicherlich geringer und an anderen Stellen erforderlich als nunmehr unterstellt. Die Netzstudie zeigt aber auch: Mit Hochtemperaturbeseilung – auch auf bestehenden Trassen – wären nur neue Leitungen von 1.700 Kilometern Länge erforderlich, da diese dann mehr Strom transportieren könnten. Dies würde einige Milliarden Euro mehr Kosten verursachen, auf den Strompreis umgelegt wären es aber nur 0,1 Cent pro Kilowattstunde. Gerade solche Optionen mit geringeren Auswirkungen auf Umwelt, Natur und Gesundheit rufen geradezu nach einer bundesweiten Umweltverträglichkeitsprüfung, wie sie die EU-Richtlinie fordert und wie sie durch das EnLAG umgangen wird.

Bundesweiter Netzausbauplan mit Alternativen ist die Lösung

Das Energiekonzept der Bundesregierung setzt auf Laufzeitverlängerungen für Atomkraft und mehr Kohlestrom. (4) Energieeffizienz und Kraft-Wärme-Kopplung stehen hinten an. Positiv erscheint, dass für den Netzausbau ein Konzept für ein „Zielnetz 2050" entwickelt werden soll. Für den BUND bedeutet dies, dass die Bundesregierung dem Zielenergiemix 2050 ein Szenario ohne Atom- und Kohlestrom zugrundelegt. Erst unter einer solchen Prämisse wird sich zeigen, welche alten Stromleitungen noch benötigt werden und welche für den überregionalen Ausgleich für Strom aus Erneuerbaren neu zu bauen sind.

In einen solchen Bundesstromnetzplan müssten zahlreiche Alternativen wie Hochtemperaturseile einbezogen werden. Weitere Teiloptionen sind große Stromspeicher in Skandinavien genauso wie die Möglichkeit, Strom via Elektrolyse und Verbindung von Wasserstoff mit Kohlendioxid in sogenanntes Wind- und Solarmethan umzuwandeln. Dieses „erneuerbare Methan" könnte in bestehenden Gasleitungen transportiert werden, wobei eine Gastrasse die Energieübertragung von etwa zehn Stromtrassen ersetzen könnte. Zudem existieren derzeit schon Gasspeicherkapazitäten für über 200 Milliarden Kilowattstunden, für Strom hingegen nur Pumpspeicher für 0,2 Milliarden Kilowattstunden.

Alle diese Aspekte sind in einem öffentlichrechtlichen (!) bundesweiten Raumordnungsverfahren mit integrierter strategischer Umweltprüfung einem Abwägungsprozess zu unterziehen. Dies hat eine juristische Expertise des Informationsdienstes Umweltrecht im Auftrag des BUND ergeben. Man müsste eine neue bundesweite Behörde und entsprechende Rechtsgrundlagen schaffen. Die Regeln entsprächen dem Raumordnungsgesetz – Ergebnisse ließen sich dann auf Raumordnungsverfahren in den Ländern übertragen. Für ein solches Verfahren sind offene und transparente Verfahren der Bürgerinformation wesentlich. Hierfür sollten auch Gelder bereitgestellt werden, sodass Bürgerinitiativen und Umweltverbände eigene Planungen und Beurteilungen erstellen lassen können.

Die Bundesregierung plant hingegen, den Bundesstromnetzplan ohne öffentliche Beteiligung festzulegen, ohne rechtlich überprüfbare Bedarfsfestlegung und ohne strategische Umweltprüfung nach den Regeln des UVP-Gesetzes. Begleitend soll es eine „Informationsoffensive" geben. Es bleibt also beim Top-Down-Verfahren, wonach Netzbetreiber und Bundesregierung den Leitungsbedarf eigenständig festlegen, der gegenüber den widerspenstigen Bürger(inne)n beschleunigt mit Mediationsbegleitung durchgedrückt werden soll. Der BUND wird nichtsdestotrotz weiterhin transparente, öffentliche und rechtlich belastbare Verfahren zur erforderlichen Prüfung der Umweltauswirkungen des Baus neuer Leitungen einfordern. Gerade die bislang ausgeblendete strategische Umweltprüfung eines noch zu erstellenden Gesamtnetzplans 2050 bietet die Chance für eine Netzplanung, die große Teile der Bevölkerung und der Umweltverbände nicht nur akzeptieren, sondern mittragen können. Das Verfahren des Augen-zu-und-durch hat hingegen mehr verzögert und beschädigt, als es den Umstieg auf erneuerbare Energien beschleunigt hat. Akzeptanz wird sich nur erreichen lassen, wenn das Ziel 100 Prozent erneuerbare Stromversorgung feststeht und die Leitungsverlängerungen nicht der Laufzeitverlängerung von Kohle und Atom dienen.

Anmerkungen

(1) Deutsche Energieagentur (2010): Netzstudie II. Integration erneuerbarer Energien in die deutsche Stromversorgung im Zeitraum 2015-2020 mit Ausblick auf 2025. Berlin.

(2) Jarass, Lorenz (2010): Dena Netzstudie II: Annahmen rechtswidrig, Ergebnis sachwidrig. www.jarass.com

(3) Deutsche Umwelthilfe (2010): Forum Netzintegration Erneuerbare Energien – Plan N. Berlin.

(4) Bundesministerium für Wirtschaft/Bundesministerium für Umwelt (2010): Energiekonzept für eine umweltschonende, zuverlässige und bezahlbare Energieversorgung. Berlin.

(5) Umweltbundesamt (2010): 2050 – 100 Prozent Strom aus erneuerbaren Energien. Berlin.

Zum Autor

Werner Neumann, geb. 1953, ist Dipl.-Physiker und Sprecher des Arbeitskreises Energie im Wissenschaftlichen Beirat des BUND e.V. Beruflich leitet er das Energiereferat der Stadt Frankfurt am Main.

Kontakt

Dr. Werner Neumann
Bund für Umwelt und Naturschutz Deutschland e.V.
Stammheimer Straße 8b, D-63674 Altenstadt
Fon ++49/(0)6047/681 39
E-Mail werner.neumann@bund.net

Enquetekommission des Bundestages „Wachstum, Wohlstand, Lebensqualität"

Wachstum zwischen Illusion und Realität

Von Martin Jänicke

Das Unbehagen über das Wachstum hat in vielen Ländern Fuß gefasst. Es macht weder vor Chefetagen der Wirtschaft noch vor Regierungen noch vor Institutionen wie der OECD Halt. Im Januar 2011 hat eine Enquetekommission des Bundestages zum Thema „Wachstum, Wohlstand, Lebensqualität" ihre Tätigkeit aufgenommen. Sie könnte zu einem neuen Wohlstandskonzept führen, das sich nicht an Wachstumsraten misst. Sie könnte stattdessen ein genaueres, vielleicht auch radikaleres Bild von nachhaltiger Entwicklung entwerfen. Hoffentlich ein solches, das den Realitäten Rechnung trägt. Dazu einige Thesen im Interesse einer differenzierten Sicht:

Wachstum misst sich an der Volkswirtschaftlichen Gesamtrechnung (VGR), üblicherweise am Brutto-Inlandsprodukt (BIP). In der öffentlichen Darstellung ist dies nicht nur die Summe aller im Lande produzierten Güter und Dienstleistungen. Vielmehr gilt die Ziffer auch als Wohlstandsindikator. Hier beginnt das Problem. Die volkswirtschaftliche Gesamtrechnung addiert naturgemäß Einkommen ganz unabhängig davon, wie sie erwirtschaftet wurden. Das Problem dabei ist, dass dies Wirtschaftstätigkeiten einschließt, die nicht-nachhaltig sind. Die Wirtschaft verdient an der umweltbelastenden Produktion ebenso wie an der Beseitigung von Umweltzerstörungen. Dass auf diese Weise „das Industriesystem von seinen Missständen profitiert", habe ich schon in den 1970er-Jahren kritisiert. (1) Auch die Gratisleistungen der Natur erfasst das BIP nicht. Sie gehören aber dazu, weil ihr Wegfall oft reale Schäden verursacht. Sauberes Grundwasser oder die CO_2-Absorption durch Urwälder sind solche Gratisleistungen. Auch diejenigen im Haushalt und im Sozialbereich fließen nicht in die BIP-Berechnung mit ein.

Schadschöpfung statt Wertschöpfung

Kritikpunkte gibt es also genug, aber das BIP ist nun einmal die Rechenlogik des bestehenden Systems. Das System wird über seine Rechenlogik kaum zu ändern sein. Wir brauchen zudem eine zusammengefasste Information über die in einem Jahr entstandenen Wertschöpfungen und Einkommen. Was wir nun aber ebenso brauchen, sind berechenbare Informationen darüber, welche Wirtschaftstätigkeit langfristige Verluste einbringt, weil sie die Lebensgrundlagen untergräbt. Insbesondere dort, wo Produktionen ihre natürlichen Grundlagen wie Wasser und Boden gefährden, sind Wertschöpfungen vielmehr Schadschöpfungen.

Die Gratisleistungen der Natur wie die des Sozialbereichs sollten zusätzlich zum BIP erfasst und bilanziert werden. Nicht immer ist das exakt erfassbar. Meist sind entsprechende

Zahlenwerke methodisch weniger zuverlässig als das, was die volkswirtschaftliche Gesamtrechnung bisher erfasst. Deshalb ist auch vor einem Gesamtindikator zu warnen, der als Ersatz für das BIP alles zusammenaddiert. Er würde unendliche methodische Diskussionen auslösen und damit an Legitimation einbüßen. Das ändert nichts an der Notwendigkeit, entsprechende Daten so zuverlässig wie möglich zu erheben. Es wäre schon ein großer Fortschritt, wenn mit denjenigen Abzügen und Ergänzungen gegenüber dem BIP begonnen wird, die statistisch hinreichend verlässlich sind. Der Rückgang von Fischbeständen oder Grünflächen sind Beispiele hierfür. Zu dieser „Gegenrechnung" zur VGR gibt es gerade in Deutschland bereits gute Ansätze. (2) Und das Statistische Bundesamt ist auf diesem Gebiet ein internationaler Vorreiter.

Oft führt das Unbehagen über Wachstum zur Forderung nach Wachstumsverzicht. Nullwachstum löst aber kein einziges Problem. Es schafft zudem neue Probleme. Ökonomisch birgt es das Risiko einer Kapitalabwanderung mit allen Nachteilen, die dies für die Einkommensentwicklung hat. Ökologisch bedeutet es, dass die Umwandlung von Rohstoffen in Produkte, Schadstoffe und Abfälle nur auf dem bisherigen Niveau gehalten wird. Dabei ist zu bedenken, dass in Europa 95 Prozent der eingesetzten Rohstoffe bereits in Schadstoffe und Abfälle verwandelt wurden, bevor das betreffende Produkt auf den Markt kommt. Nullwachstum bedeutet hier nur, dass die Anhäufung von Schadstoffen und Abfällen in der Umwelt nicht erhöht wird. Das Problem aber ist diese jährliche Akkumulation. Der Eimer läuft auch dann über, wenn der Wasserhahn nicht weiter aufgedreht wird. Die Forderung nach Wachstumsverzicht ist deshalb nur scheinbar radikal. Tatsächlich verdeckt sie weitergehende Forderungen zur Wachstumsfrage, die längst auf der Tagesordnung stehen.

Worum es geht, sind radikale Schrumpfungen und radikales Wachstum gleichermaßen. Um im Klimaschutz eine globale kohlenstoffarme Energieversorgung durchzusetzen, bedarf es eines hohen Wachstums bei den erneuerbaren Energien. Dass China den Ausbau der Windenergie jedes Jahr um mehr als 100 Prozent gesteigert hat, dass Japan seine Solaranlagen bis 2020 um das 20-Fache steigern will, ist ein sinnvolles Wachstum. Bei den fossilen Energieträgern geht es dagegen um radikale Schrumpfung. Das gilt etwa für die Kohleverstromung. Die erfolgreiche Diversifizierung der deutschen Ruhrkohle AG in neue Geschäftsfelder zeigt, dass dieser Strukturwandel auch sozialverträglich möglich ist.

Hoher Preis für bescheidenes Ziel

Die Förderung von Wirtschaftswachstum ist bisher eine Kernfunktion des Staates. Das gilt für die direkte Wachstumsförderung in Form etwa des sogenannten Wachstumsbeschleunigungsgesetzes vom Dezember 2009 mit Steuerentlastungen von 8,4 Milliarden Euro. Steuererleichterungen, von denen Wachstum erhofft wurde, haben viel zur öffentlichen Armut beigetragen. Es gibt auch die implizite Wachstumsförderung in den Ressorts, vom Verkehrs- bis zum Forschungsministerium, für die wir viele Milliarden zahlen. Nicht zuletzt zahlen wir politische Preise für das Wachstum einzelner Bereiche: Das in anderen Ländern geltende Tempolimit auf Autobahnen wird dem Wachstum der deutschen Autoindustrie geopfert. Der Ton gegenüber dem Finanzsektor ist so verhalten, weil man „die Märkte" nicht beunruhigen möchte. Und im Interesse des Exportwachstums wird immer wieder Einkommensverzicht geübt, auch zulasten des Binnenmarktes.

Letztlich zahlen wir einen hohen Preis für ein Ziel, das, von der aktuellen Situation einmal abgesehen, doch eher bescheiden ausfällt. Mit eher niedrigem Zuwachs der Wirtschaftsleistung müssen die Industrieländer vermutlich auch in Zukunft rechnen. Das ehrgeizige Ziel der EU, formuliert in der Lissabon-Strategie, die Wachstumsrate auf drei Prozent zu steigern, wurde nicht annähernd erreicht und daher stillschweigend aufgegeben. Die neue EU-Strategie „Europa 2020" betont stattdessen die Notwendigkeit eines intelligenten, sozialverträglichen und nachhaltigen Wachstums, das zugleich ressourceneffizienter und grüner ausfällt. Diese Wende von den Wachstumsraten zu den dahinterliegenden Problemen geht in die richtige Richtung.

Ein hohes Wirtschaftswachstum in reichen Ländern ist im Übrigen ökologisch durchaus folgenreich. Und die Differenz von Wachstumsraten des BIP ist nicht belanglos. Ein durchschnittliches Wirtschaftswachstum von einem Prozent führt erst in 70 Jahren zu einer Verdopplung. Das ist durch ökologische Modernisierung gut auszugleichen. Es lässt auch die notwendige absolute Entkopplung von Wirtschaftsleistung und Umweltverbrauch zu. Ein Wachstum von fünf Prozent bedeutet dagegen in 70 Jahren mehr als das 30-Fache. Das ist durch umwelttechnische Fortschritte beim besten Willen nicht auszugleichen. Hohe Wachstumsraten müssten ja durch eine entsprechende Effizienzsteigerung beim Verbrauch von Umwelt und Ressourcen mindestens kompensiert werden. Das ist nicht zu erwarten. Und selbst wenn diese gewaltige Effizienzsteigerung erreicht würde, wäre lediglich der Zuwachs an Umweltbelastung ausgeglichen.

Mut zur Umverteilung

Sollten die gewaltigen, meist vergeblichen Anstrengungen, die der Steigerung von Wachstumsraten gelten, nicht endlich den Problemen gewidmet werden, die auf diese Weise dann doch nicht gelöst werden? Das sind die Haushaltsdefizite, die Arbeitslosigkeit, die Finanzierung der Renten und der sozialen Sicherung. Im 21. Jahrhundert ist nachhaltige Entwicklung ein besseres Ziel. Dabei geht es nicht um die Fortsetzung von Wachstumspolitik mit ökologischen Mitteln.

Das Umweltprogramm der Vereinten Nationen (UNEP) unternimmt derzeit den Versuch, das Konzept nachhaltiger Entwicklung um die Erfolgsgeschichte des ökologischen Wachstums zu erweitern. (3) Dabei wird jedoch das Potenzial eines breiten Nachhaltigkeitsverständnisses noch immer nicht ausgeschöpft. Der Übergang zu einem Produktivitätskonzept, das die Einsparung von Ressourcen und nicht von Arbeit forciert, ist hierfür ein Beispiel. Nachhaltigkeit in einem breiteren Verständnis wäre dann eher als eine Entwicklung zu definieren, die die menschliche Wohlfahrt langfristig erhöht, die Öko-Effizienz der Produkte und Prozesse radikal steigert, das Naturvermögen erhöht, Ungleichheit verringert, aus-

reichende Beschäftigung und effektive soziale Sicherungssystemen schafft, ohne künftige Generationen einer signifikanten Verschuldung, Umweltbelastung und Ressourcenverknappung auszusetzen.
Worum es also geht, ist zum einen ein radikaler Innovationsprozess, der nicht Arbeit, sondern den Ressourcenverbrauch reduziert. Ein wichtiges Mittel hierzu wäre die Weiterführung der ökologischen Steuerreform. Zum anderen geht es um die strukturelle Lösung der Sozial- und Finanzprobleme, die durch Wachstumspolitik nicht gelöst werden können. Eine strukturelle Lösung erfordert Mut. Denn die erforderlichen Mittel für die sozialen Sicherungssysteme werden nur aufgebracht werden, wenn die Umverteilung von unten nach oben in den letzten 20 bis 30 Jahren wenigstens teilweise umgekehrt wird. Auch diese Umverteilung erfolgte ja im Namen eines Wachstums, das dann doch nicht erzielt wurde. Weniger Ungleichheit fördert den sozialen Zusammenhalt, verbessert das gesellschaftliche Klima und erhöht so die Akzeptanz für den erforderlichen Wandel.
Die Wohlstandsfrage sollte also von der Wachstumsfrage abgekoppelt werden. Nicht die teuer erkaufte geringe Steigerung von Wachstumsraten löst unsere Probleme. Und auch ein Wachstumsverzicht führt keinen Schritt weiter. Hinter dem Schleier dieser Illusionen wird erkennbar, worauf es ankommt: Es geht um radikale umwelt- und ressourcenschonende Innovationen. Es geht um strukturelle Lösungen für die langfristigen Haushalts-, Beschäftigungs- und Sozialprobleme. Und es geht um eine Wohlstandsmessung, die mehr ist als die Summe der vermarkteten Güter und Dienstleistung.

Anmerkungen

(1) Jänicke, Martin (1979): Wie das Industriesystem von seinen Mißständen profitiert. Opladen.

(2) Vgl. u.a. Diefenbacher, Hans/Zieschank, Roland (2010): Woran sich Wohlstand wirklich messen lässt. Alternativen zum Bruttoinlandsprodukt. München.

(3) „A Green Economy can be defined as an economy that results in improved human well-being and reduced inequalities over the long term, while not exposing future generations to significant environmental risks and ecological scarcities." In: UNEP (2010): Green Economy Report: A Preview. New York.

Zum Autor

Martin Jänicke, geb. 1937, ist emeritierter Professor für vergleichende Umweltpolitik und ehemaliger Leiter der Forschungsstelle für Umweltpolitik Berlin. Er gehört der Enquetekommission „Wachstum, Wohlstand, Lebensqualität" an.

Kontakt

Prof. Dr. Martin Jänicke
Environmental Policy Research Centre
Freie Universität Berlin
Patschkauer Weg 51, D-14195 Berlin
Fon ++49/(0)30/832 53 15

Nachruf auf die Ökonomin Christiane Busch-Lüty

Die Vielfalt des Lebens gestalten

Mit Christiane Busch-Lüty (20.2.1931 bis 22.11.2010) verlieren wir eine Mitstreiterin. Zwar ist Nachhaltigkeit in den letzten 25 Jahren vom Exotischen zum Salonfähigen avanciert und hat an Bekanntheit deutlich gewonnen - doch es reicht bei Weitem nicht. Nachhaltigkeit als Herausforderung, als eine grundlegende Veränderung von Gesellschaft und Wissenschaft steht noch an und aus – „Wiedervorlage dringend!"

Als Expertin für „das Ganze" hat Christiane Busch-Lüty die Idee der nachhaltigen Entwicklung in Deutschland bekannt gemacht und in den verschiedensten Zusammenhängen nachhaltig befördert: Die ersten Tagungen zu diesem Thema an der Evangelischen Akademie Tutzing hat sie unmittelbar nach der Rio-Konferenz 1992 initiiert, gestaltet und geleitet. Ihr legendäres Talent, Ideen und Menschen zusammenzubringen, um gemeinsam Neues zu denken, mag dazu beigetragen haben, dass sie von einigen auch als „Mutter" der Nachhaltigkeit bezeichnet worden ist.

Doch wenn es mit der Nachhaltigkeit etwas werden soll, so Christiane Busch-Lüty, dann muss sich Wissenschaft verändern. Dies gilt auch und gerade für ihre eigene Disziplin, die Ökonomie. Indem sie Nachhaltigkeit als integratives und komplexes Lebensprinzip zu einer Herausforderung für die Ökonomik werden ließ, hat sie die scientific community ihrer Disziplin mehrfach auf konstruktive Weise provoziert und zugleich ermuntert, ihre paradigmatischen Grundlagen zu hinterfragen und neu zu denken.

Der eigenen Disziplin den Absolutheitsanspruch abzuerkennen, erfordert Mut und Engagement. Denn die sich „sachzwängig" gebärdende Wirklichkeit ist Veränderungsanliegen gegenüber oft resistent.

In dieser Einbahnstraßenlandschaft konnte sich Christiane Busch-Lüty auch deshalb unbeirrt bewegen, weil sie bei allem Ernst des Anliegens die Fähigkeit besaß, dem vehement Vorhandenen ein Schnippchen zu schlagen und es humorvoll umzuinterpretieren. Mit konventionellem Gehorsam und den Konventionen gehorchend war dies nicht immer möglich. Früh hat sie ihre disziplinären Grenzen überschritten und unter anderem gemeinsam mit dem Physiker Hans-Peter Dürr in das wissenschaftspolitische Spiel verändernd eingegriffen. Aber ach, am Spieltisch angelangt, stellte sich bei jedem noch so wohlüberlegten Zug heraus, dass sie dennoch nicht zum Zuge kamen, weil die Spielregeln davor waren. Also galt es, nach Nachbartischen und anderen Mitspielerinnen und Mitspielern Ausschau zu halten.

Dass diese Unterfangen nicht in der Mühsal der Ebene versandet sind, hängt mit dem Beharrungsvermögen von Christiane Busch-Lüty zusammen. Sie wurde nicht müde, in Ohren hineinzurufen, die institutionell bedingt eher verschlossen sind, und hat auch entscheidende Impulse zur Gründung neuer Institutionen gegeben: 1992 gründete sie das Frauen-Netzwerk Vorsorgendes Wirtschaften mit; 1996 hat sie die Gründung der Vereinigung für Ökologische Ökonomie mit initiiert. Dass ihre Botschaften nicht überhört worden sind – ja, dass sie sich vielmehr stetig neue Räume erschlossen haben, hängt mit den netzwerkerischen Fähigkeiten von Christiane Busch-Lüty zusammen. Oft hat sie, unterwegs von einem Ort zum anderen, Fäden zwischen einander gar nicht einmal unbedingt Naheliegendem gespannt. Von ihr haben wir gelernt, miteinander für eine nachhaltige Gesellschaft zu streiten. Dafür sind wir dankbar.

Uta von Winterfeld, Sabine Hofmeister und Adelheid Biesecker

Der Weg entsteht im Gehen. In den letzten 25 Jahren immer wieder ein Stück des Weges gemeinsam mit der Querdenkerin Christiane Busch-Lüty gegangen zu sein, hat die *politische ökologie* und den oekom verlag wesentlich beeinflusst und inspiriert. Mit ihr über Inhalte, Themen, Autoren und ganze Ausgaben zu diskutieren und zu streiten, war nie einfach, hat uns aber alle sehr bereichert und inhaltlich auf den verschlungenen Wegen zu einer nachhaltigen Gesellschaft und ihrer Ökonomie ein gutes Stück vorangebracht. Wir sind deshalb sehr traurig, auf diese Begleitung in Zukunft verzichten zu müssen. Aber dankbar für die Zeit, die wir mit ihr neue, nachhaltige Pfade erkunden durften.

Jacob Radloff, Verleger

Haben Sie eine der letzten Ausgaben verpasst? Bestellen Sie einfach nach!

pö 105 Nachhaltiges Design
Laboratorium für industrielle Neuanfänge
EUR 14,90

pö 114 Megacitys
Risikolebensräume mit Zukunft
EUR 14,90

pö 115/116 Ressourcen
Kampf um knappe Schätze
EUR 19,90

Das Gesamtverzeichnis finden Sie im Internet unter **www.politische-oekologie.de**
E-Mail neugier@oekom.de

Impressum

politische ökologie, Band 124
Peak-Oil City.
Die Stadt von morgen. März 2011
ISSN 0933-5722, ISBN 978-3-86581-255-1
Verlag: oekom Gesellschaft für ökologische Kommunikation mbH
Waltherstraße 29, D-80337 München
Fon ++49/(0)89/54 41 84-0, Fax -49
E-Mail obermayr@oekom.de
Gesellschafter und Anteile: Jacob Radloff, Feldafing 77 %, Dr. Christoph-Friedrich Freiherr von Braun, München 23 %
Herausgeber: oekom e. V. – Verein für ökologische Kommunikation, www.oekom-verein.de
Chefredaktion: Jacob Radloff (verantwortlich)
Stellvertr. Chefredaktion: Anke Oxenfarth (ao)
Redaktion: Helena Obermayr (CvD)
Redaktionelle Mitarbeit: Eva Kraus (ek)
Schlusskorrektur: Claudia Mantel-Rehbach, E-Mail claudiam@t-online.de
Gestaltung: Lone Birger Nielsen, E-Mail nielsen@blueout.net
Anzeigenleitung/Marketing:
Stefanie Ott, oekom GmbH (verantwortlich)
Fon ++49/(0)54 41 84-35, E-Mail anzeigen@oekom.de
Bestellung, Aboverwaltung und Vertrieb:
Rhenus Medien Logistik GmbH & Co. KG,
Auslieferung oekom verlag, D-86899 Landsberg am Lech
Fon ++49/(0)8191/97000 -378, Fax -103
E-Mail oekom@de.rhenus.com
Vertrieb Bahnhofsbuchhandel: VU Verlagsunion KG, Postfach 5707, D-65047 Wiesbaden
Druck: Kessler Druck + Medien,
Michael-Schäffer-Str. 1, D-86399 Bobingen
Gedruckt auf FSC-zertifiziertem, 100%igem Recycling-Papier
Bezugsbedingungen: Die *politische ökologie* erscheint vier Mal im Jahr. Ein Abonnement kostet für Institutionen und Organisationen 106,00 €, für Privatpersonen 61,00 € und für Studierende ermäßigt (gegen Nachweis) 50,50 €. Alle Preise zzgl. Versandkosten. Das Abonnement verlängert sich automatisch, wenn es nicht 6 Wochen vor Ablauf schriftlich gekündigt wird. Einzelheftpreis: 16,90 €. Außerhalb Deutschlands zzgl. Versandkosten. Rabatt auf Anfrage für größere Stückzahlen.
Konto: Postgiroamt München, (BLZ 700 100 80), Kto. 358 744-803.

Bildnachweise: van Beet/istockphoto.com, bearb. von L. Nielsen; S. 13 commons.wikimedia.org; S. 14 S. Kabitz/pixelio.de; S. 23 I. Swoboda; S. 53 C. Suhan; S. 83 transsolar.com; S. 145 Bobot/photocase.com

Die Deutsche Nationalbibliothek – CIP-Einheitsaufname. Ein Titeleinsatz für diese Publikation ist bei der Deutschen Nationalbibliothek erhältlich.

Vorschau

Anders arbeiten

politische ökologie (Band 125) - Juni 2011

Die heutige Form der Erwerbsarbeit zehrt Natur und Menschen gleichermaßen aus. Das Ungleichgewicht ist augenfällig: Diejenigen, die Arbeit haben, arbeiten bis zum Burnout. Parallel dazu haben immer mehr Menschen jahrelang keine Erwerbsarbeit oder können von ihrer Arbeit nicht mehr leben. Gleichzeitig führen uns Klimawandel und Peak Everything immer deutlicher vor Augen, dass wir nicht so weiter wirtschaften können wie bisher. Wir müssen mehr Wohlstand aus weniger Ressourcen schaffen und diesen gerechter verteilen.

Dabei ahnen wir schon länger, dass es auch anders ginge. Weniger Erwerbsarbeit, mehr Eigen- und Sorgearbeit, selbstbestimmtes Arbeiten durch ein bedingungsloses Grundeinkommen für alle oder eine andere Arbeits(ver)teilung zwischen Männern und Frauen, aber auch zwischen Nord und Süd - theoretische Konzepte und gute Ideen gibt es jede Menge. Die praktische Umsetzung kam lange Zeit selten über gesellschaftliche Nischen hinaus, doch das ändert sich gerade. Angesichts der prekären Situation der Umwelt einerseits und der zunehmenden Prekarisierung der Lebensverhältnisse auch in reichen Ländern andererseits gewinnt die Diskussion um sinnvolle Wege aus der Umwelt- und Beschäftigungskrise erneut an Fahrt. Die *politische ökologie* beschäftigt sich mit dem Ganzen der Arbeit, begleitet Social Entrepreneurs und stellt Leitplanken für ein nachhaltiges Arbeiten vor, das Mensch und Natur aufatmen lässt.

Die *politische ökologie* (Band 125) erscheint im Juni 2011 und kostet 16,90 €
ISBN 978-3-86581-256-8